KOLPINGWERK IN STAAT UND GESELLSCHAFT
Schriftenreihe des Kolpingwerk Deutscher Zentralverband

D1669196

22

Engagement für Europa

Kolping-Verlag Köln
1994

Die Deutsche Bibliothek – CIP-Einheitsaufnahme

Engagement für Europa

Engagement für Europa / [Mitarb.: H. Langendörfer, G. Rinsche,
G. Ritzerfeld, A. Salesny, M. Streicher, J.A. Stüttler, H. Tintelott] – (1994)
(Kolpingwerk in Staat und Gesellschaft; 22)
ISBN 3-921425-57-3

KOLPINGWERK IN STAAT UND GESELLSCHAFT
Schriftenreihe des Kolpingwerk Deutscher Zentralverband
Herausgeber: Deutsche Kolpingsfamilie e.V.
Redaktion: Michael Hanke
Heft 22:   Engagement für Europa
Mitarbeit: H. Langendörfer, G. Rinsche, G. Ritzerfeld,
                                A. Salesny, M. Streicher, J. A. Stüttler, H. Tintelott

Umschlagentwurf: Hans-Werner Becker
Gesamtherstellung: Druckhaus Gummersbach
Kolping Verlag, Köln, 1994
Alle Rechte vorbehalten
ISBN 3-921425-57-3

Vorwort

"Engagement für Europa" - es mag sein, daß einige diesen Titel durchaus aus unterschiedlichen Gründen als Werbung für Europa einordnen - es kann auch sein, daß viele schon wegen dieses Buchtitels an dessen Inhalt gar nicht mehr interessiert sind. Aber - dies ist ebenfalls nicht auszuschließen - der Titel wird begrüßt, und zwar schon deshalb, weil das Engagement für Europa realistisch und daher notwendig ist! Dieses Engagement für Europa eröffnet den Menschen in den vielen Staaten Europas Zukunft, verhindert nicht nur kriegerische Auseinandersetzungen, sondern stiftet umfassenden Frieden.

Die Geschichte Europas vor allem seit dem 2. Weltkrieg hat dies bewiesen, die Gegenwart erhärtet dies durch die Beitrittsbemühungen weiterer Staaten zur Europäischen Union, und die Zukunft des Menschen in Sicherheit und Frieden ist zweifelsohne eng mit der Ausweitung und Vertiefung der europäischen Einigung gekoppelt.

Das Kolpingwerk engagiert sich für Europa, und dies vor allem aus folgenden Gründen:
Adolph Kolping begrenzte sein Werk nicht an Staatsgrenzen; sein Gesellenverein war schon damals inter- oder über-national. Das Christentum, Basis und Eckwert des Gesellenvereins, kennt weder in Geschichte noch Gegenwart nationalstaatliche Einengungen; Kirche ist europaweit, Kirche ist weltumspannend.

Das Kolping-Programm in Geschichte und Gegenwart ist ein Programm des Menschen und für den Menschen. Adolph Kolping engagierte sich mit dem Menschen für den Menschen!

Das Kolpingwerk setzt programmatisch diese Arbeit fort. Es vertritt sein "Engagement für Europa". Die verschiedenen Beiträge dieses Bändchens begründen und bezeugen dies. Kolping und Europa gehören zusammen!

Hubert Tintelott   Michael Hanke

Kolpingwerk in Staat und Gesellschaft, Band 22

INHALTSVERZEICHNIS

1. Zur Geschichte Europas

1.1 Geistige Wurzeln/ Bausteine Europas

Grundfragen einer neuen politischen Ordnung in Europa

Prof. Dr. Günter Rinsche MdEP

In den kommenden Jahren werden die Weichen gestellt für das nächste Jahrhundert der europäischen Geschichte. Die neue Ordnung in Europa muß jetzt konzipiert und diskutiert werden. Existenzbedingungen und Entwicklungserfordernisse sind zu ermitteln, zu prüfen, bewußt zu machen und in konkrete und folgerichtige politische Entscheidungen und Aktionen umzusetzen.

Eine neue Ordnung für Europa
Was ist Europa? Europa ist mehr als ein geographischer Begriff,
Europa ist mehr als eine 2500jährige leidvolle und glanzvolle Geschichte.

Die Idee Europa, das ist die Philosophie der Griechen und der unbesiegbare Gedanke der **Freiheit**,
das ist das Rechtssystem der Römer und der unverzichtbare Gedanke der **Ordnung**,
das ist die Ethik des Christentums und der übergeordnete Gedanke der **Menschenwürde**.

Diese Werte haben einen inneren und notwendigen Zusammenhang, denn Freiheit ohne Ordnung wird leicht zur Ordnung ohne Freiheit. Freiheit und Ordnung erfordern die Beachtung der Menschenwürde und die Verwirklichung der Menschenrechte.

Die Griechen und der Gedanke der Freiheit
Vor 2500 Jahren schrieb der griechische Geograph und Geschichtsschreiber Herodot (484-430 v.Chr.) in sei-

nen „Historien": „Von Europa weiß kein Mensch, weder ob es vom Meere umflossen ist, noch wer es war, der ihm den Namen Europa gegeben hat. Oder sollen wir annehmen, daß es seinen Namen nach der Europa von Tyros hat und vor deren Zeit namenlos war wie die anderen Erdteile?"

Diese Annahme des „Vaters der Geschichtsschreibung" war gerechtfertigt. Der Ursprungsmythos unserer Kultur ist die Sage von Europa, der schönen Tochter des Phönikerkönigs Agenor und seiner Frau Telephassa aus Tyros in Kleinasien. Der Göttervater Zeus verliebte sich in das Mädchen, er nahm die Gestalt eines weißen Stieres an und entführte sie auf seinem Rücken über das Mittelmeer zur Insel Kreta.

Die Sage von Europa enthält, wie viele Mythen, die symbolhafte Darstellung und Mystifizierung historischer Ereignisse und Errungenschaften. Der angelsächsische Historiker Robert Payne schildert diese Gegebenheiten: „Am Schnittpunkt der Verbindungswege zwischen Ägypten, Palästina, Kleinasien und Griechenland gelegen, scheint Kreta einer jener seltenen Plätze gewesen zu sein, wo sich Ideen, Sitten und Überlieferungen von vielen verschiedenen Kulturkreisen kristallisieren, um zu etwas vollkommen Neuem zu verschmelzen. In diesem Schmelztiegel alter Kulturen, auf dieser Insel nahm Europa seinen Anfang." Den Griechen als den Erben der minoischen Kultur war es dann gegeben, erste Beiträge zu einem europäischen Bewußtsein, zur Idee Europa, zu erbringen.

Für die griechischen Denker und Dichter des 5. und 4. Jahrhunderts vor Christi enthielt der Gedanke der Freiheit auch die Möglichkeit einer Beteiligung der Bürger am öffentlichen Leben. Die Griechen wollten „nach den Gesetzen" leben, nicht unter der Willkür eines Despoten. Unter diesen Aspekten erkannten und beschrieben sie die Gefahr, daß ein in Kleinstaaten zersplittertes Griechenland zur Beute asiatischer Despoten würde. Philosophen wie Gorgias (483-380 v.Chr.) und Platon (427-347 v.Chr.) stellten die „Eintracht" als Ideal für die griechisch-europäische Welt heraus.

6

Die Römer und der Gedanke der Ordnung

Der historische Auftrag, das europäische Festland in die mittelmeerische Kultureinheit einzubeziehen, wird dann von Gaius Julius Caesar (100-44 v.Chr.) verwirklicht. Für diesen großen Staatsmann der europäischen Geschichte gilt das Wort des Staatsdenkers Niccolo Machiavelli, nach dem das Heil eines Staates nicht nur davon abhängig ist, daß ein Staatslenker weise regiert, sondern vor allem davon, daß dieser dem Staat Einrichtungen gibt, die fortdauernd Stabilität und Sicherheit garantieren. Julius Caesar und seine Nachfolger übertrugen die einheitliche römische Rechtsordnung auf das gesamte Imperium Romanum und legten damit den Grundstein für europäische Rechtsstaatlichkeit. Waren Freiheit und Friede die Schlüsselworte der Griechen in ihrem Beitrag zur Idee Europa, so weist der große römische Dichter Vergil (78-19 v.Chr.) den Römern die Aufgabe zu, „der Welt Ordnung zu geben und Frieden."

Der römische Gedanke der Ordnung bewährt sich in der Integration des römischen Reiches durch gemeinsames Recht und gemeinsame Rechnung. Wilhelm Hankel rühmt: „Römische Geschichte steht für den Modellfall einer Weltintegration durch Recht (gemeinsame Gesetze) und Rechnen (gemeinsame Maße, Gewichte, Kalender; gemeinsames Geld)."

Bei aller Anerkennung der römischen Rechtsordnung darf aber nicht übersehen werden, daß die Integration des römischen Reiches auf der brutalen Dominanz und Hegemonie eines Volkes über andere Völker beruhte und damit menschenfeindlicher Natur war. Das Machtmonopol und die Kommandowirtschaft der römischen Imperatoren zerstörten Rechtsordnung und Menschenrecht.

Das Christentum und der Gedanke der Menschenwürde

Wenn das Bewußtsein der Freiheit ein Resultat der griechischen Philosophie und die Wertschätzung der Ordnung ein Element des römischen Rechts sind, dann findet die Auffassung von der Würde jedes Menschen ihre Begründung in der christlichen Ethik und Tradition. Nach christlicher Lehre ist der Mensch als Ebenbild Gottes geschaffen (Genesis 1,27; 4,24). Hieraus erwächst ein Eigenwert, dessen metaphysische Dimension über seine Natur- und Gemeinschaftsverbundenheit hinausreicht. Schon vor Christi Geburt hatten die griechischen und römischen Philosophen der Stoa die Frage nach dem Menschen und seinen Rechten gestellt. Die Stoiker lehrten diese Gleichheit durch ihre Verwandtschaft mit der Gottheit. Humanitätsideal und Gleichheitsbewußtsein der Stoa blieben jedoch auf den Bereich der privaten Ethik beschränkt.

Im 13. Jahrhundert beschwört der Verfasser des Sachsenspiegels, Eike von Repgow (1180-1233), den Gedanken der Schöpfungs- und Erlösungsgleichheit und wendet sich gegen die theologische Begründung der Leibeigenschaft. Der „Sachsenspiegel", entstanden um 1224, ist die erste Niederschrift von Rechtssätzen in deutscher Sprache. Sein Verfasser leitet das Recht von Gott her und verkündet die Gleichheit aller Menschen vor dem Recht.

Nikolaus von Kues (1401-1464), „ein Deutscher, der früh Europäer wurde" (so Karl Jaspers), verwendet die christliche Lehre von der natürlichen Gleichheit der Menschen zur Begründung einer politischen Teilhabe. „Da alle Menschen von Natur aus frei und gleich mächtig sind, entspringt jede Autorität, betont Nikolaus, ausschließlich der Übereinstimmung und der Zustimmung aller Subjekte."

Großen Einfluß auf die Entwicklung einer übergeordneten Idee der Menschenrechte hat auch die historische Wirkung Martin Luthers. Seine Schrift „Über die Freiheit des Christenmenschen" ist von epochemachender Bedeutung. Die Gedanken christlicher Theologen und Philosophen des Abendlandes werden in der politischen Philosophie der Neuzeit, vor allem im Zeitalter der Aufklärung, aufgegriffen und zu einer Naturrechts- und Menschenrechtslehre ausgebaut. Staatsdenker wie Grotius, Pufendorf, Hobbes, Locke, Mandeville, Buffon, Condillac, Diderot, Montaigne, Montesquieu u.a. bereiten den Boden für die Menschenrechtsgarantien, die mit den

historischen Begriffen der „Habeas Corpus Akte" (1679),
der „Virginia Bill of Rights" (1776), der französischen
„Erklärung der Menschen- und Bürgerrechte" (1789) bis
zur „Europäischen Menschenrechtskonvention" (1950)
verbunden sind. Der Gedanke der Menschenwürde und
die Garantie der Menschenrechte sind Wesenselemente
der Idee Europa.

Einheit, nicht Einförmigkeit
    „Einheit und Einförmigkeit sind zweierlei Dinge"
schreibt Francis Bacon (1561-1626). Diese Überlegung
des großen englischen Staatsdenkers bestimmt viele
Aussagen europäischer Dichter und Denker über das
Wesen und die Idee Europas. Schon Strabon (63 v.Chr. -
26 n.Chr.), der griechische Geograph, beschrieb Europa
als „vielgestaltet".

Die Idee Europa als Sehnsucht nach Einheit, Harmonie
und Frieden umfaßt die Vielfalt, Verschiedenheit und
Mannigfaltigkeit Europas. Diese europäische Eigenart
kommt schon in den frühen Überlegungen der Einheits-
idee zum Ausdruck.

Europa, das ist Vielfalt in der Einheit. Einheit, nicht Einförmigkeit! Gleichwertigkeit, nicht Gleichheit.

Europa, das ist eine faszinierende Mannigfaltigkeit nationaler, regionaler und lokaler Kulturen, Traditionen und
Besonderheiten, die erst zusammen den unvergleichli-
chen Reichtum europäischer Kultur ausmachen.

*Ecksteine und Bauelemente der neuen europäischen
Ordnung*
Aus diesen Wesenselementen der europäischen Kultur
ergeben sich vier Ecksteine und Erfolgsvoraussetzungen
der europäischen Ordnung:

1. die Rechtsstaatlichkeit, auch als Grundlage der Huma-
   nität,

2. die parlamentarische Demokratie und die damit ver-
   bundene Legalität,
3. der föderalistische Staatsaufbau und das grundlegende Prinzip der Subsidiarität,
4. die Soziale Marktwirtschaft und das dazugehörige
   Prinzip der Solidarität.

*Europäische Rechtsordnung - Grundlage für menschen-
würdiges Leben und sozialen Fortschritt*

Europäische Integration bedarf der europäischen Ordnung. Ordnung = Gesetz x Anwendung. Eine Europäische Union braucht verbindliche Gesetze sowie eine
Rechtsordnung, die Sicherheit und Schutz garantiert.
Darüber hinaus sind Stetigkeit, Dauerhaftigkeit, Verläß-
lichkeit und Vorhersehbarkeit der Politik unverzichtbar,
wenn Menschenrechte geschützt, Risiken bestmöglich
bewältigt und sozialökonomischer Fortschritt gefördert
werden sollen.

Bundeskanzler Dr. Helmut Kohl hat auf die wirt-
schaftspolitische Bedeutung der europäischen Rechtsordnung und der Rechtsangleichung im Binnenmarkt mit
folgenden Worten hingewiesen: „Der Binnenmarkt gibt
den einzelnen Unternehmen mehr Rechtssicherheit und
Kalkulierbarkeit der ökonomischen Rahmenbedingungen.
Er erleichtert langfristig Dispositionen. Er eröffnet gerade
auch der mittelständischen Wirtschaft erhebliche Entfal-
tungsmöglichkeiten, denn mit der Harmonisierung der
Marktbedingungen und mit der Beseitigung der Grenz-
barrieren entfallen Hemmnisse und Zusatzkosten, die
von den kleineren und mittleren Unternehmen nur schwer
überwunden werden können."

Diese Überlegungen gelten auch für die Transformati-
on der früheren Kommandowirtschaften Ost- und Südost-
europas in soziale Marktwirtschaften. Die von den Bürgern dieser Staaten zu Recht erstrebte und geforderte
grundlegende Verbesserung ihres Lebensstandards und
ihrer Lebensqualität kann um so schneller verwirklicht, je
früher die privaten und unternehmerischen Initiativen,
Innovationen und Investitionen greifen können und realisiert werden. Die Wohlstand schaffenden Wirkkräfte der

Arbeitsteilung, des Wettbewerbs und der Transaktionskostensenkung sind aber direkt abhängig von einer europaweit gültigen und akzeptierten Rechtsordnung und Rechtssicherheit.

Durch die Schaffung und Durchsetzung einer effizienten europäischen Rechtsordnung können die Transaktionskosten in Europa gesenkt und minimiert werden. Die Senkung der Produktionskosten, z. B. durch Größendegression und andere Vorteile des Binnenmarktes, kann dann durch Senkung der Transaktionskosten ergänzt werden, wenn es der europäischen Politik gelingt, den Wirrwarr unterschiedlicher nationaler Regeln durch vernünftige europäische und harmonisierte Ordnungselemente zu ersetzen.

Parlamentarische Demokratie –
Lebensform und Gestaltungsprinzip einer neuen Ordnung
in Europa
Demokratie ist untrennbar mit den Grundsätzen des Rechtsstaats verbunden. Die neue Ordnung in Europa muß demokratisch sein. Als wesentliche Merkmale der Demokratie gelten:

1. Die Regierung wird - direkt oder indirekt - von wahlberechtigten Bürgern für eine bestimmte Zeit gewählt. (Macht auf Zeit).

2. Die Regierung wird vom Volk, bzw. von den vom Volk dazu befugten Organen kontrolliert. (z. B. Kontrollfunktionen des Parlaments).

3. Alle Handlungen der öffentlichen Organe dürfen nur auf der Grundlage von Verfassung und Gesetzen geschehen. (Rechtsstaatlichkeit, Legalität).

4. Es besteht eine von staatlichen Eingriffen freie Rechts- und Freiheitssphäre jedes Bürgers. (Grundrechte, Menschenrechtsgarantie).

Für die neue Ordnung in Europa wird die parlamentarische Demokratie mit einem Zweikammersystem unverzichtbar sein. Der Aufbau einer parlamentarischen Demokratie auf der europäischen Entscheidungsebene ist jedoch nicht nur durch einen einzigen Schritt zu erreichen, sondern vollzieht sich in einem langsamen, schwierigen und evolutorischen Prozeß. Diese evolutorische Verfassungsentwicklung wird sichtbar in der Entstehung und Gestaltung des direkt gewählten Europäischen Parlaments.

Von großer Bedeutung für die evolutorische und innovative Entwicklung einer Verfassung der Europäischen Union sind die eigentlichen politischen Funktionen des Europäischen Parlaments, die von Otto Schmuck mit folgenden Worten definiert werden:

1. Die Politikgestaltungsfunktion umfaßt all diejenigen Aktivitäten des EP, die auf eine Beeinflussung der vorhandenen EG-Politiken abzielen. Politikgestaltung umfaßt die drei Bereiche Initiative, Mitwirkung an der Rechtsetzung und Kontrolle.

2. Die Systemgestaltungsfunktion bezieht sich auf die Weiterentwicklung des EG-Systems. Dies betrifft sowohl die Veränderung der Entscheidungsverfahren als auch die Neuordnung der Zuständigkeitsverteilung zwischen der EG und den Mitgliedstaaten.

3. Die Interaktionsfunktion bezieht sich auf die Beziehung zwischen Abgeordneten und Wählern. Dabei geht es um die Artikulation von Wählerinteressen, die Aggregation unterschiedlicher Positionen und um die Mobilisierung der Bürger für wichtige Anliegen.

Seit 1979 hat das Europäische Parlament zahlreiche Initiativen zur Systemgestaltung eingeleitet. Hierzu gehört z. B. der Entwurf einer Europäischen Verfassung, der am 13.09.1983 von den CDU/CSU-Abgeordneten des Europäischen Parlaments (als EP-Dokument 1-653/83) vorgelegt und eingebracht wurde. Am 14.02.1984 verabschiedete das Parlament mit sehr großer Mehrheit den

„Vertragsentwurf zur Gründung der Europäischen Union",
der im Institutionellen Ausschuß des EP erarbeitet worden war. Wenngleich diese und andere Entwürfe bisher
nicht realisiert werden konnten, so gaben sie doch wichtige Impulse für die Einheitliche Europäische Akte von
1988 und den Vertrag von Maastricht (1993).

*Subsidiarität als Gestaltungsprinzip einer neuen Ordnung
in Europa - der föderalistische Gemeinschaftsaufbau*
Das Fiasko zentralistischer Planung von Politik und
Wirtschaft, sichtbar für alle im weltweiten Bankrott des
„Realen Sozialismus", hat dem Subsidiaritätsprinzip nun
auch die Aufmerksamkeit und Anerkennung jener Zeitge-
nossen gebracht, die Subsidiarität bisher als „mittelalterli-
ches Relikt" disqualifizierten. Seine klassische Formulie-
rung findet das Prinzip der Subsidiarität in der
Sozialenzyklika „Quadragesimo anno" (1931).
Subsidiarität ist das Gegenteil von Subordination. Zentralistischer Kollektivismus beruht auf Subordination: „Du
bist nichts, das Kollektiv ist alles!" Im Gegensatz zu dieser Auffassung ist Subsidiarität ein Prinzip, das dem
Menschen den Vorrang einräumt vor jedem Kollektiv.
Subsidiarität sichert das Recht der kleinen Lebenskreise.
Jeder Lebenskreis soll alle Aufgaben in eigener Voll-
macht und durch eigene Initiative leisten. Nur das, was
im kleineren Lebenskreis nicht oder nicht mehr geleistet
werden kann, soll in der größeren Gemeinschaft bzw. auf
der höheren Entscheidungsebene gestaltet werden. Der
Aufbau einer Gemeinschaft von unten nach oben („buil-
ding from below")

-   entspricht der Freiheit und Würde des Menschen,
-   garantiert die notwendigen Freiheitsräume für die
Selbstentfaltung des Bürgers,
-   ermöglicht sparsame Verwendung knapper Ressourcen durch Vermeidung der hohen Kosten zentralistischer
Verwaltung und durch die Nutzung der Eigeninitiative,
-   fördert Eigenverantwortung, Risikobereitschaft und
eigene Vorsorge,

- verringert die Gefahr einer Ausbeutung der Gemeinschaft durch parasitäres „Trittbrettfahren" („free rider"),
- ist eine wesentliche Voraussetzung für die Funktionsfähigkeit der Europäischen Gemeinschaft und einer neuen Ordnung in Europa.

Durch Übertreibung kann man gute Ideen ad absurdum führen. Der Begriff Subsidiarität darf nicht dazu mißbraucht werden, um partikulare Interessen zu Lasten einer zukunftssichernden europäischen Ordnung durchzusetzen. Eine föderalistische Ordnung in Europa muß kooperativ und konstruktiv, nicht aber destruktiv und desintegrierend sein. Föderalismus ist das institutionalisierte Bestreben, Einheit und Vielfalt zu verbinden. Der Föderalismus in der Europäischen Gemeinschaft hat die Funktion einer Integration heterogener Elemente, d. h. er ist zentripetal, nicht zentrifugal. Darüber hinaus besteht seine Funktion in der Machtaufgliederung mittels vertikaler Gewaltenteilung und im Minoritätenschutz mittels kultureller und territorialer Eigenständigkeit.

Das Erfordernis der Entscheidungs- und Handlungsfähigkeit der Europäischen Gemeinschaft ist aber von existentieller Bedeutung für die Zukunft Europas. Nur eine starke und handlungsfähige Europäische Gemeinschaft kann ihre unentbehrlichen Beiträge für Frieden, Freiheit, Stabilität und menschenwürdige Ordnung im wiedervereinigten Europa leisten.

Sozialökonomische und finanzpolitische Aspekte der neuen Ordnung in Europa

Die gegenwärtige Diskussion über den gigantischen Mittelbedarf zur Finanzierung der Konkurskosten des sogenannten realen Sozialismus und zur Sanierung seiner sozialen, ökologischen und ökonomischen Schadensfolgen findet ihre folgerichtige Ergänzung in den Fragen nach den Mitteln und Möglichkeiten zur Finanzierung einer neuen Ordnung in Europa. Es gilt,
- gegenwärtige Bedürfnisse zu befriedigen,

- zukunftssichernde Investitionen zu tätigen,
- das architektonische Erbe und die unersetzlichen Kunstschätze der europäischen Kultur zu erhalten,
- die Natur zu schützen und die Umweltqualität zu verbessern.

Die sozialökonomische Grundlage der Europäischen Gemeinschaft ist die Arbeitsteilung, die der Vater der modernen Nationalökonomie, Adam Smith, schon vor mehr als 200 Jahren als die eigentliche Ursache des Wohlstands der Nationen dargestellt hat. Arbeitsteilung ist die Nutzung unterschiedlicher Fähigkeiten und Möglichkeiten von Menschen, Unternehmen und Regionen. Die Arbeitsteilung steigert die Ergiebigkeit und mindert die Mühe menschlicher Arbeit.

Arbeitsteilung und die damit verbundenen Wirtschaftsaktivitäten, z. B. Tausch und Handel, verursachen Transaktionen, d. h. Übergänge eines Wirtschaftsobjektes (Güter, Leistungen, Forderungen) von einem Wirtschaftssubjekt auf ein anderes. Transaktionskosten sind dann Kosten, die nicht durch die Herstellung von Gütern oder die Erstellung von Leistungen entstehen, sondern durch Transaktionen, d. h. durch Vertragsabschlüsse, Transport, Prüfen, Übertragung von Eigentumstiteln etc.

So wie die Arbeitsergiebigkeit durch eine tiefgestaffelte Arbeitsteilung in einem großen europäischen Binnenmarkt gesteigert werden kann, so können Aktionen und Institutionen der europäischen Integration zur Senkung der Transaktionskosten beitragen und damit die Ressourcen und Finanzmittel Europas vermehren. Integration erfolgt durch gemeinsames Recht und durch gemeinsame Rechnung, d. h. durch gemeinsame Gesetze und durch gemeinsame Maße, Normen, Kalender, Geld, usw. Wenn europaweit gemeinsame Rechts- und Rechnungsgrundlagen für die Wirtschaft und das Wirtschaften in Europa geschaffen und gesichert werden, so können Kosten in Milliardenhöhe gesenkt und damit produktive Energien für die säkularen Aufgaben der europäischen Politik freigesetzt werden. Zur richtigen Weichenstellung für das 21. Jahrhundert gehören somit auch die Schaffung und Nutzung europäischer Institutionen, die Rechtssicherheit herstellen, Risiken begrenzen, Arbeitsteilung fördern und Transaktionskosten senken.

Da das Europa des 21. Jahrhunderts weder Paradies noch Schlaraffenland sein wird, sind Leistung und hohe Arbeitsergiebigkeit unverzichtbar, wenn die zentralen Aufgaben gesamteuropäischer Politik gelöst und die damit verbundenen Ausgaben finanziert werden sollen. Neben den Erfordernissen der Arbeitsteilung und Umwegproduktion ist die soziale Partnerschaft in einer Sozialen Marktwirtschaft von existentieller Bedeutung für die Zukunftssicherung Europas. Denken heißt: Möglichkeiten erwägen. Leben heißt: Möglichkeiten nutzen. In diesem Sinn bedarf die Selbstentfaltung des Menschen in einer freiheitlichen Gesellschaft der partnerschaftlichen Ordnung, in der menschliches Miteinander, praktizierte Solidarität und Humanisierung des Arbeitslebens unverzichtbare Bestandteile sind. Es ist nicht zu leugnen, daß in diesen Aufgabenfeldern noch viele Probleme gelöst werden müssen. Neue Arbeitszeitregelungen, z. B. gleitende und variable Arbeitszeit, flexible Altersgrenze und leitender Ruhestand, Verbesserung der Kommunikation und Information im Unternehmen, Investivlohn, Gewinnbeteiligung, Vermögensbildung, Begabungsförderung und Anreiz für Initiativen - das sind nur einige Beispiele für Bauelemente einer sozialen Partnerschaft, die nicht nur Selbstzweck ist, sondern auch als Wirkkraft zur Effizienzsteigerung der europäischen Wirtschaft unverzichtbar sein wird.

Wenn die sozialökonomischen Erfolgsbedingungen einer neuen Ordnung in Europa erkannt und anerkannt werden und die Verantwortlichen über genügend Weitsicht, Entscheidungskraft und Durchsetzungsvermögen verfügen, so könnte die historische Herausforderung bewältigt und in zukunftssichernder Weise beantwortet werden.

1.2 Europäische Einigungs- bestrebungen nach dem 2. Weltkrieg

Hubert Tintelott

Am 1.11.1993 trat ohne allzu große Beachtung in der Öffentlichkeit der Vertrag über die europäische Union in Kraft. Nach den langwierigen und teilweise sehr konflikt- reichen Auseinandersetzungen bei der Ratifizierung die- ses Vertrages in den einzelnen EG-Staaten war es schon erstaunlich, wie reibungslos und ohne allzugroßes Medi- en- und Bürgerinteresse der Vertrag in Kraft gesetzt wur- de, der für die Einigung Europas eine weitere bedeuten- de Etappe darstellt. Der Vertrag über die Europäische Union oder die Beschlüsse von Maastricht, wie sie in der Umgangssprache eher bezeichnet werden, ist von ganz anderer Qualität als die bisherigen europäischen Verträ- ge. Alle vorhergehenden Schritte im Einigungswerk Westeuropas bauten mit am Fundament des Einigungs- prozesses und waren durch Erfolge und Rückschläge gekennzeichnete Versuche, zur europäischen Einigung zu kommen. Mit dem „Vertrag zur europäischen Union" ist nun jedoch die Entscheidung über den endgültigen Bauplan gefallen.[1]

So wie aber auch der Vertrag zur Europäischen Union bei aller Bedeutung nur einen weiteren - wenn auch sehr wichtigen - Schritt zur europäischen Einigung darstellt, so ist er jedoch nicht denkbar, ohne alle die Initiativen in der Geschichte, die schon Wege und Möglichkeiten gesucht haben, um zwischen den Völkern Europas ein friedliches Miteinander als Voraussetzung für eine harmonische Ent- wicklung der Gesellschaft zu erreichen.

Schritte auf dem Weg zur europäischen Union
Als erste praktische politische Europainitiative wird das Bemühen des böhmischen Königs Georg Podiebrad von 1461 eingestuft, einen „Europäischen Friedensbund"

zu gründen. Mit diesem geplanten Vertrag zu einem Staatenbund zwischen dem König Ludwig XI., König Georg von Böhmen und dem Hohen Rat von Venedig sollten die Voraussetzungen zu einer gemeinsamen Verteidigung Europas vor den Türken und zur Vermeidung überflüssiger Kriege innerhalb Europas geschaffen werden. Die vorgesehenen Elemente dieses Vertragswerkes mit Einrichtung eines Bundesgerichtes und eines Bundesrates gehören bis heute zum Grundbestand eines bundesstaatlichen europäischen Denkens.[2] Obwohl einige Länder diesem Vertragswerk zustimmten, wurde es aufgrund fehlender Zustimmung des Papstes und des französischen Königs nicht in Kraft gesetzt. Die folgenden Jahrhunderte brachten für Europa eine neue und noch größere Zersplitterung. Der aufkommende Nationalismus sowie die konfessionellen Auseinandersetzungen sorgten dafür, daß Europa in starkem Maße von kriegerischen Auseinandersetzungen geprägt war, die keinen Raum für ein Einigungswerk ließen.

Auf dem Hintergrund der kriegerischen Auseinandersetzungen entwickelte Immanuel Kant in seiner philosophisch-politischen Schrift „Zum ewigen Frieden" Gedanken einer praktisch politischen Verwirklichung eines Friedensbundes in Europa. Er forderte ein föderalistisches System der Staaten, das die Freiheit aller Staaten auf der Grundlage der Ideen des Völkerrechts sichern sollte. Kants Ziel war damit ein föderaler Völkerbund[3], der ja auch heute wieder die Vorstellung von der Form der europäischen Einigung prägt.

Doch auch jetzt waren die Gedanken eines europäischen Staatenbundes als Friedenswerk noch nicht reif. Zwar wurde die Idee immer wieder aufgegriffen und diskutiert, Dichter wie Victor Hugo träumten von den „Vereinigten Staaten von Europa", doch es bedurfte weiterer Kriege mit all ihren Grausamkeiten und all ihren Schrecken, bevor das europäische Einigungswerk weitere grundlegende und letztlich dann auch politisch umgesetzte Fortschritte machen konnte.

Nach dem Ersten Weltkrieg waren es Männer wie Stresemann und Briand, die Wege zu einer Europapolitik versuchten. Geistige Impulse erhielt die Debatte durch einen 1923 veröffentlichte Schrift von Coudenhove-Kalergi mit dem Titel „Pan-Europa", bei der es im Vorwort heißt: „Dieses Buch ist bestimmt, eine große politische Bewegung zu wecken, die in allen Völkern Europas schlummert. Viele Menschen erträumen ein einiges Europa; aber wenige sind entschlossen, es zu schaffen. Als Ziel der Sehnsucht bleibt es unfruchtbar - als Ziel des Wollens wird es fruchtbar".4) Doch wenn auch mit diesem Buch eine Europabewegung angestoßen wurde, so war sie doch nicht kraftvoll genug, um die Katastrophe des Zweiten Weltkrieges zu verhindern, der mit seiner Vernichtungskraft alles bisher Dagewesene in die Schatten stellt. Die Grauen dieses Krieges, die unvorstellbare Zahl der Millionen Opfer, die Zerstörung ganzer Landstriche, Dörfer und Großstädte und das dadurch verursachte menschliche Leid waren wohl die entscheidenden Anstöße, die dazu führten, daß nach Ende des Zweiten Weltkrieges erste konkrete Schritte auf dem Weg zur europäischen Einigung gegangen wurden.

Der Europarat - Keimzelle und Mittelpunkt der europäischen Einigung

Die älteste und bis heute mitgliederstärkste politische Organisation im Rahmen der politischen Einigungsbemühungen ist der Europarat. Der Europarat wurde am 5. Mai 1949 durch Unterzeichnung des Gründungsvertrages in London gegründet. Zehn Länder gehörten damals zu den Gründungsstaaten. Als Sitz des Europarates wurde noch im gleichen Jahr Straßburg festgelegt. In der Satzung des Europarates wurden als Organe das Ministerkomitee, die parlamentarische Versammlung und das Generalsekretariat benannt. Das Ministerkomitee besteht aus den Außenministern der Mitgliedsstaaten, während sich die parlamentarische Versammlung aus Mitgliedern der nationalen Parlamente zusammensetzt. Das Generalsekretariat unterstützt das Ministerkomitee und die parlamentarische Versammlung bei der Erfüllung ihrer Aufgaben. Auf dem Hintergrund der geschichtlichen Entwicklung in

Europa und der Umbrüche, die sich zur Zeit gerade in Mittel- und Osteuropa vollziehen, ist es erstaunlich, daß die ursprünglichen Zielsetzungen des Europarates bis heute von bleibender Aktualität sind und daher gerade beim Zusammenwachsen des über mehr als 40 Jahre durch einen Eisernen Vorhang getrennten Europas dem Europarat eine besondere Aufgabe zukommt. Die Gründungsstaaten hatten dem Europarat das Ziel gegeben, auf eine immer engere Union unter den europäischen Ländern hinzuwirken, die Lebensbedingungen der Menschen in Europa zu verbessern, die humanitären Werte in Europa zur Entfaltung zu bringen und für die Grundsätze der europäischen Demokratie, die Rechtsstaatlichkeit und die Menschenrechte einzutreten.5)

Diese Ziele sind auf dem Hintergrund der Erfahrungen von Diktatur und Nationalsozialismus und auf dem Hintergrund des Zweiten Weltkrieges mit seinen zerstörerischen und gegen Recht und Freiheit gerichteten Tendenzen nur allzu verständlich. Es wundert daher auch nicht, daß die Zahl der ursprünglich 10 Mitgliedsstaaten schnell anwuchs. So wurden noch 1949 Griechenland und die Türkei Mitglieder des Europarates. 1951 kam die Bundesrepublik Deutschland hinzu. Heute, Ende 1993, hat der Europarat 32 Mitgliedsstaaten.

Der Europarat hat im Laufe seiner Geschichte bedeutende Leistungen vollbracht, von denen heute fast alle europäischen Bürger profitieren. Die bis heute bedeutendste Leistung ist die Verabschiedung einer Europäischen Konvention zum Schutz der Menschenrechte und Grundfreiheiten. Diese Konvention, die 1950 unterschrieben wurde und 1953 in Kraft trat, umfaßt die wichtigsten der bürgerlichen und politischen Rechte und sorgt zur gleichen Zeit für eine wirksame Durchsetzung dieser Gesetze durch einen eigenen Gerichtshof, vor dem jeder Bürger aus den Staaten des Europarates eine Beschwerde über eine Verletzung der Menschenrechte einbringen kann. In keinem anderen Teil der Welt gibt es eine ähnlich gute rechtliche Absicherung der Menschenrechte.

Doch auch andere Konventionen des Europarates haben ihre prägende Bedeutung, so die Europäische Kulturkonvention von 1957, die Europäische Sozialcharta von 1961 oder das Europäische Datenschutzabkommen von 1981.

Wenn nach den politischen Veränderungen in Mittel- und Osteuropa viele dieser Länder sofort eine Mitgliedschaft im Europarat anstrebten, so lag dies nicht nur darin begründet, daß man mit der Mitgliedschaft im Europarat sich auch einen besseren Zugang zu den anderen Institutionen des europäischen Integrationsprozesses erhoffte, sondern man wollte damit wohl auch unter Beweis stellen, daß die Werte des Europarates wie Schutz der Menschenrechte, Rechtsstaatlichkeit und die Grundsätze der europäischen Demokratie für diese Länder nun nach Jahren der kommunistischen Diktatur ihre prägende Kraft erhalten sollten. Dabei zeigen sich gerade bei diesen neuen Mitgliedsstaaten in Mittel- und Osteuropa heute auch Probleme, die dringend einer Lösung durch den Europarat bedürfen wie z.B. der Schutz von ethnischen Minderheiten. Unabhängig von diesen ungelösten Fragen ist die Mitgliedschaft im Europarat für alle angeschlossenen Staaten eine zusätzliche Stütze der demokratischen und rechtsstaatlichen Ordnung in ihren Ländern und ein Einübungsfeld für weitere Schritte zur europäischen Integration.

Der Durchbruch zur europäischen Integration - die Europäische Gemeinschaft für Kohle und Stahl
So wichtig und bedeutsam die Gründung des Europarates für die europäische Integration war und ist, so wurde zum eigentlichen Kristallisationspunkt der europäischen Integration und damit zum ersten Mosaikstein für die heutige Europäische Union jedoch eine ganz andere Organisation, die 1951 von 6 Staaten gegründete Europäische Gemeinschaft für Kohle und Stahl (EGKS). Rückblickend scheint die Gründung dieser Organisation im Zuge der geschichtlichen Entwicklung zu liegen, und das eigentlich Sensationelle dieses Zusammenschlusses wird dem Betrachter heute kaum bewußt. Doch als der

französische Außenminister Robert Schumann im Mai
1950 verkündete, die französische Regierung sei zu
gemeinsamer Politik mit der deutschen Regierung im
Montanbereich bereit, da war dies die Sensation
schlechthin. Man muß sich den ganzen Unterschied zur
Politik der französischen Regierung nach dem Ersten
Weltkrieg vor Augen führen, um die politische Weitsicht
dieses Vorschlages von Robert Schumann zu begreifen.
Hatte die französische Regierung nach dem Ersten Weltkrieg noch auf einer Besetzung des Ruhrgebietes und
damit einer Kontrolle der wesentlichen Teile der deutschen Montanindustrie bestanden, so bot sie nun eine
Zusammenarbeit in einem Bereich an, der zentral für jede
Rüstungsindustrie ist. Während Frankreich nach Ende
des Ersten Weltkrieges im Montanbereich deutsche
Hoheitsrechte eingeschränkt hatte, sah der Schumann-
plan eine Aufgabe von eigenen Hoheitsrechten zu Gun-
sten übernationaler Organe, eben der europäischen
Gemeinschaft für Kohle und Stahl vor. Der Plan Schumanns führte 1951 in Paris zur Gründung der EGKS, die
vielfach auch als Montanunion bezeichnet wurde. 6 Staaten schlossen sich dieser Organisation an, neben Frankreich und Deutschland Italien und die drei Beneluxstaa-
ten. Wenn diese Organisation auch eine
Zusammenarbeit nur auf wirtschaftlichem Gebiet vorsah,
so hatte sie ohne Zweifel eine große Bedeutung auch für
die Sicherung des Friedens in Europa. Nach Ende des
Zweiten Weltkrieges kam es eben nicht zu einem Frie-
densvertrag, der den Keim eines neuen Krieges schon in
sich trug, sondern zu einer vertrauensvollen Zusammenarbeit in übernationalen Organen.

Weitere Integrationsschritte
    Die positiven Erfahrungen in der EGKS und das wach-
sende Vertrauen zwischen den Mitgliedsstaaten führten
1957 dazu, daß die 6 Mitgliedsstaaten der EGKS am 25.
März 1957 in Rom die Europäische Wirtschaftsgemeinschaft (EWG) gründeten und damit ihre Zusammenarbeit
im Bereich der Wirtschaft über die Bereiche Kohle und

Stahl hinaus ausdehnten. Doch schon in dem Vertrag zur Europäischen Wirtschaftsunion wird deutlich, daß sich diese Staaten nicht auf eine Zusammenarbeit ausschließlich im wirtschaftlichen Bereich beschränken wollten, sondern den festen Willen hatten, „die Grundlagen für einen immer engeren Zusammenschluß der europäischen Völker zu schaffen".6) Einen Schritt über die wirtschaftliche Zusammenarbeit hinaus geht schon die ebenfalls 1957 in Rom gegründete Europäische Atomgemeinschaft - auch Euratom genannt -, die eine Zusammenarbeit im forschungspolitischen Bereich zum Ziel hatte.

Einen weiteren Versuch, auch zu einer verstärkten politischen Zusammenarbeit zu kommen, wurde zu Beginn der 60er Jahre gestartet. Der französische Politiker Fouchet arbeitete einen Plan aus, der einen lockeren Zusammenschluß der 6 Staaten vorsah. Dieser Plan eines sehr lockeren Staatenbundes scheiterte jedoch frühzeitig.

Nachdem mit der Zollunion früher als erwartet schon 1968 innerhalb der EG die erste Stufe der wirtschaftlichen Integration erreicht werden konnte, wurde zu Beginn der 70er Jahre ein erneuter Versuch unternommen, auch in anderen Politikbereichen zu einer Zusammenarbeit zu kommen. 1969 verkündeten die Staats- und Regierungschefs der Gründerstaaten der EG ihren Willen, auch in der Außenpolitik zusammenzuarbeiten. Dies war der Beginn der Europäisch Politischen Zusammenarbeit (EPZ). Die EPZ war kein Arbeitsbereich der EG, sondern stand außerhalb der bisherigen Strukturen. Ziel der EPZ war das Bemühen, eine gemeinsame europäische Außenpolitik zu verwirklichen durch gegenseitige Information und Abstimmung der Standpunkte. Mit dem Wort „Bemühen" wird schon deutlich, daß es sich bei der EPZ nicht um eine gemeinsame europäische Außenpolitik handelt, sondern um eine Vorstufe dazu.

Im Jahr 1975 dann wurde der damalige belgische Außenminister Tindemanns beauftragt, ein Konzept über eine europäische Union mit Organen, Formen und Rechten vorzulegen. Der von Tindemanns vorgelegte Plan mit einer starken Einbeziehung des europäischen Parlamentes in das Gesetzgebungsverfahren wurde jedoch nicht verwirklicht.7)

Auf dem Weg zur europäischen Union

So wenig erfolgreich die Versuche zur Begründung einer Europäischen Union in den 60er und 70er Jahren waren, so haben die im Umfeld der jeweiligen Pläne und Vorlagen geführten Diskussionen doch den Boden bereitet für den Durchbruch, der dann in den 80er Jahren erzielt wurde. Auf dem Gipfeltreffen der Staats- und Regierungschefs 1983 wurde eine „feierliche Deklaration zur Europäischen Union" verabschiedet, in der es heißt, daß die Staaten der Europäischen Gemeinschaft bestrebt sind, „die bisher im wirtschaftlichen wie auch im politischen Bereich erzielten Fortschritte auf den Weg zur europäischen Union zu festigen".8) Diese feierliche Erklärung enthielt zwar keine Vorschläge zu den konkreten Schritten hin zur Europäischen Union, sie spiegelt aber den politischen Willen der Staats- und Regierungschefs wider und war damit Grundlage für die weiteren Bemühungen. Auf der Basis des Entwurfs eines Vertrages zur Gründung der europäischen Union durch das Europäische Parlament erarbeitete ein von den Staats- und Regierungschefs der EG-Länder eingesetzter Ausschuß eine Empfehlung, die Grundlage für die „Europäische Akte" von 1986 wurde. Mit dieser Akte wurden eine umfassende Reform und Erweiterung der römischen Verträge beschlossen und die völkerrechtlichen Grundlagen für eine weitere Integration wie z.B. die Vollendung des Binnenmarktes gelegt. Nach Lösung einiger grundsätzlicher Probleme im EG - Bereich wie Finanzierung des Haushaltes, Probleme im Agrarbereich beriefen die Staats- und Regierungschefs der EG in 1990 in Rom zwei Regierungskonferenzen ein. Diese haben dann Änderungen in den europäischen Verträgen ausgearbeitet, die zur Wirtschafts- und Währungsunion und zur Politischen Union notwendig waren. Aus diesen Vorschlägen wurde dann der „Vertrag über die Europäische Union", der 1992 in Maastricht unterzeichnet wurde und nach einem schwierigen Ratifizierungsprozeß am 1.11.1993 in Kraft trat.

Schwerpunkte des Vertrages zur Europäischen Union
Der Begriff Europäische Union ist der seit dem EG-Gipfel 1972 verwendete Name für die politische Einheit der EG-Staaten. Doch auch der Vertrag über die Europäische Union enthält noch keine definitiven Aussagen über den endgültig angestrebten Zustand der politischen Einheit. Vielmehr bleibt die Entscheidung über die endgültige Gestalt der Europäischen Union noch offen. Und dennoch ist der „Vertrag über die Europäische Union" ein Meilenstein im europäischen Integrationsprozeß. Bei aller Offenheit für die zukünftige Ausgestaltung der endgültigen Form nimmt er doch in den verschiedensten Bereichen entscheidende Weichenstellungen vor. So zieht der Vertrag einen föderativen Aufbau vor und legt fest, daß Entscheidungen möglichst bürgernah getroffen werden müssen. Zur Verstärkung dieses förderalen Ansatzes und zur Umsetzung des Subsidiaritätsprinzips wird ein „Ausschuß der Regionen" gebildet, der eine beratende Funktion bei der Gesetzgebung der EU bekommt. Auf dem Gebiet der Gemeinsamen Außen- und Sicherheitspolitik gehen die Regelungen weit über den bisherigen Bereich der EPZ hinaus. Nicht nur, daß nun auch die Sicherheitspolitik in die Abstimmungsprozesse einbezogen wird, sondern in Fragen von allgemeiner Bedeutung kann ein gemeinsamer Standpunkt festgelegt und sogar eine gemeinsame Aktion beschlossen werden, die dann für alle Staaten bindend ist. Eine enge Zusammenarbeit wird auch im Bereich der Justiz und Innenpolitik angestrebt, vor allem im Bereich der internationalen Bandenkriminalität, beim Drogenhandel und bei der Asylpolitik. Die emotional größten Probleme haben bei den Bürgern die Beschlüsse zur Wirtschafts- und Währungsunion ausgelöst. Das Ziel einer gemeinsamen Währung löst bei manchen Bürgern Ängste im Hinblick auf die Geldwertstabilität, aber auch nationale Identitätsprobleme aus.

Nicht zuletzt werden durch den Vertrag zur Europäischen Union die Rechte und Zuständigkeit des Europäischen Parlamentes bei den Gesetzgebungsverfahren ausgeweitet und neben der jeweiligen Staatsbürgerschaft eine Unionsbürgerschaft eingeführt.

Mit den Verträgen von Maastricht hat der europäische Integrationsprozeß einen weiteren Schritt nach vorn getan. Wenn auch der Vertrag keineswegs schon der letzte Schritt auf dem Weg zu einem einigen Europa ist, so stellt er doch einen wichtigen Meilenstein dar.

1) Vgl. Europa 2000. Der Weg zur europäischen Union. 4. Auflage 1993, S. 5
2) Vgl. Ludger Kuhnhardt, Hans Pöttering, Europas Vereinigte Staaten, Osnabrück 1991, S. 15 f
3) ebenda S. 23
4) Coudenhove-Calergi, Pan-Europa, Wien 1923, Neuauflage 1982, S. VII
5) Vgl. Leitfaden durch den Europarat, Straßburg, S. 7
6) Zitiert nach: Europa 2000, Schritte zur Europäischen Union, 2. veränderte Auflage 1993, S. 21
7) Vgl. Europa 2000, S. 8
8) zitiert nach „Europa 2000" S. 21

1.3. Gegenwärtige Europa-Bilanz: Ergebnisse und Gefahren

Hubert Tintelott

Ein flüchtiger Blick auf den Stand der europäischen Einigungsbemühungen zum Ende des Jahres 1993 ist eigentlich recht ermutigend. Der „Vertrag über die Europäische Union" hat alle Hürden genommen, und er konnte damit zum 1. November 1993 in Kraft treten. Mit dem Abschluß dieses Vertrages wurde zweifelsohne ein bedeutender Schritt in Richtung auf eine politische Union getan, hin zu einem Europa, was mehr ist als eine Wirtschaftsgemeinschaft.

Gleichzeitig wird mit 4 Staaten im Hinblick auf eine Erweiterung der Mitgliedschaft verhandelt. Bei diesen Staaten handelt es sich um die ehemaligen EFTA-Länder Österreich, Finnland, Schweden und Norwegen. Wenn auch noch nicht sicher ist, daß diese Beitrittsverhandlungen so schnell abgeschlossen werden können, daß die Mitgliedschaft in der Europäischen Union (EU) wie geplant ab 1.1.1995 wirksam werden könnte, so zeigen allein schon die Verhandlungen die gewachsene Anziehungskraft der Europäischen Union. Die ehemaligen EFTA-Länder mit Ausnahme der Schweiz bilden darüber hinaus schon jetzt mit den Staaten der Europäischen Union ab 1.1.1994 den sogenannten Europäischen Wirtschaftsraum, einen gemeinsamen großen Binnenmarkt. Damit wird mit den beitrittswilligen Ländern jetzt schon im wirtschaftlichen Bereich eine enge Zusammenarbeit und Kooperation praktiziert.

Doch nicht nur die Europäische Union kann im Jahr 1993 eine stolze Bilanz vorlegen, sondern auch der Europarat hat seine Stellung und seine Rolle in Europa festigen können. Durch die Aufnahme zahlreicher neuer Staaten aus Mittel- und Osteuropa ist nicht nur seine Größe gewachsen, sondern es hat sich erneut gezeigt, eine wie wichtige Aufgabe der Europarat bei den Einigungsbestrebungen erfüllt. Da eine seiner wesentlichen Aufgaben die Förderung der Menschenrechte und das Eintreten für die Rechtsstaatlichkeit ist, da er eine Aufgabe darin sieht, die Grundsätze der europäischen Demokratie in seinen Mitgliedsstaaten zu verankern, übernimmt er eine ganz enorme Aufgabe und Verantwortung für die Entwicklung der Demokratie in den ehemals kommunistischen Ländern Mittel- und Osteuropas. Die jungen Demokratien zu fördern, ihnen Hilfestellung und Unterstützung zu geben und damit den ebenfalls erkennbaren Tendenzen für einen Rückfall in diktatorische Regimes entgegenzuwirken, ist eine ganz neue Herausforderung. Der Europarat leistet damit auch wichtige Vorarbeit, um einige seiner Mitgliedsstaaten an das westliche Werteverständnis von Menschen und von der Gesellschaft heranzuführen und damit die Grundlagen zu legen, daß einige dieser Länder vielleicht mittelfristig auch einmal in die EU aufgenommen werden könnten.

Erkennbare Gefahren

Doch so erfreulich auf den ersten Blick die Europabilanz Ende 1993 ausfällt, so gibt es doch auch erkennbare Probleme, die dem weiteren europäischen Einigungsprozeß entgegenstehen und eine weitere positive Entwicklung gefährden könnten. Ein deutliches Alarmsignal für die Zukunft ist der wachsende Nationalismus in nahezu allen europäischen Staaten. Diese Strömung ist in Verbindung mit wachsenden Problemen im wirtschaftlichen und sozialen Bereich eine gefährliche Gemengelage, die mehr Sprengkraft in sich birgt, als man auf den ersten Blick vielleicht vermuten möchte. Es zeigt sich nun, daß ein Teil des engen Zusammenhaltes zwischen den Staaten der Europäischen Union seine Begründung in der Bedrohung durch den Warschauer Pakt, dem Gegenmodell des kommunistischen Blocks, hatte. Nachdem dieses Gegenmodell brüchig geworden ist und seine Attraktivität verloren hat, ist auch die Herausforderung der westlichen Staatengemeinschaft geringer geworden. Dies macht den Kitt zwischen den Staaten brüchig, und es rächt sich jetzt, daß man im europäischen Einigungsprozeß zu lange allein und vorrangig auf eine europäische Wirtschaftsgemeinschaft gesetzt hat und die Arbeit an gemeinsamen Grundwerten, an der Entwicklung eines möglichen europäischen Verfassungspatriotismus vernachlässigt wurde.

Gerade von Vertretern einer mehr nationalistischen Linie wird der EU entgegengehalten, daß sie ein zu großes Demokratiedefizit habe und daher die Entscheidungen der Organe der EU einer demokratischen Legitimation entbehren. Wenn auch diese Behauptung überzogen ist, so ist der Hinweis auf ein Demokratiedefizit doch berechtigt und wird allgemein auch anerkannt. Das seit 1979 direkt gewählte Europäische Parlament hat zwar auch in den Vertrag von Maastricht größere Mitwirkungsmöglichkeit zugestanden bekommen, doch fehlt bis heute das für jedes Parlament entscheidende Recht, Gesetzentwürfe einbringen zu können. Bis heute können Gesetzentwürfe nur von der Kommission eingebracht werden, und dem Europäischen Parlament kommt je nach Gesetzesmaterie nur ein Anhörungs- oder Mitentscheidungsrecht zu. Solange aber das Parlament bei der Entstehung oder Verabschiedung von Gesetzen nicht mitarbeiten und mitentscheiden kann bzw. das letzte Wort hat, kann mit Recht von einem Demokratiedefizit gesprochen werden.

Auf dem Hintergrund dieses Demokratiedefizites wäre es auch wünschenswert, so bald als möglich eine europäische Verfassung zu bekommen, in der nicht nur die Rechte und Pflichten der einzelnen Organe der Europäischen Union geregelt sind, sondern auch die Menschen- und Bürgerrechte in der Europäischen Union eine Absicherung erfahren. Im Rahmen dieser neuen Verfassung könnten dann auch die Aufgaben und Rechte einer zweiten Kammer, einer Staatenkammer, geregelt werden. Damit würden dann auch ein weiteres Defizit in der jetzigen Struktur der Europäischen Union beseitigt und die Mitwirkung der Mitgliedsstaaten in der europäischen Gesetzgebung gewährleistet. Eine Verfassung würde es dann auch erlauben, daß sich bei den Bürgern dieser dann politischen Union ein Verfassungspatriotismus entwickeln könnte, der ein Gegengewicht zu den aufkommenden nationalistischen Strömungen darstellen könnte.

Auch in einem anderen Bereich könnte die EU selbst durch ihr Verhalten manche Argumente der Gegner einer verstärkten europäischen Einigung entkräften. Oft wirft man der EU vor, sie sei zu zentralistisch und regelungswütig und höhle damit die Souveränität der Nationalstaaten systematisch aus. Diese Vorwürfe hat die EU in ihren Beschlüssen von Maastricht aufgegriffen und das Prinzip der Subsidiarität in den Vertragstexten verankert. Auch die Schaffung eines „Ausschuß der Regionen" und seine Beteiligung bei Gesetzgebungsverfahren zielen in diese Richtung. Das Prinzip der Subsidiarität gilt es aber zukünftig noch strikter zu beachten, nicht nur, um der teils berechtigten Kritik im Hinblick auf einen zu starken Zentralismus entgegenzuwirken, sondern auch, um der kulturellen und gesellschaftlichen Vielfalt in Europa Rechnung zu tragen und Entscheidungen möglichst menschen- und bürgernah zu fällen.

Ein weiteres Problem ergibt sich für den Prozeß der europäischen Einigung aus der Frage nach einer Erweiterung oder Vertiefung der EU. Manche Länder der EU wie vor allem Großbritannien sehen in der Neuaufnahme von immer neuen Mitgliedsländern in die Europäische Union die Chance, den politischen Integrationsprozeß zu stoppen oder doch zumindest zu verlangsamen. Für einige Mitgliedsstaaten der EU sind alle Schritte, die über die Schaffung eines großen Binnenmarktes hinausgehen, schon zu weitreichend und eine zu große Gefahr für ihre eigene nationale Souveränität. Andere Mitgliedsländer, vor allem die Gründerstaaten der EWG und hier in besonderer Weise Frankreich und Deutschland treiben den politischen Integrationsprozeß voran, da sie der festen Überzeugung sind, daß eine dauerhafte Sicherung der erreichten Integration und damit die Sicherung des Friedens in Europa eine Verstärkung des Integrationsprozesses erforderlich machen. Darüber hinaus verlangen die globalen Herausforderungen und Probleme eine gemeinsame Antwort der europäischen Staaten. Die Politiker, die vorrangig eine Vertiefung der Gemeinschaft vor einer Erweiterung anstreben, stehen jedoch vor einem Dilemma. Einige der mitteleuropäischen Staaten wie Ungarn, Polen und die Tschechische Republik sind an einer Mitgliedschaft in der EU interessiert. Aus allgemeinen politischen Erwägungen müßte man einer solchen Entwicklung zwar zustimmen, da sich auch in Spanien und Portugal gezeigt hat, daß ihre Aufnahme in die Europäische Gemeinschaft die damaligen noch jungen und schwachen Demokratien gestärkt hat. Eine Stärkung würden ohne Zweifel auch die jungen Demokratien Mittel- und Osteuropas dringend brauchen, auch die marktwirtschaftlichen Wirtschaftsordnungen dieser Länder würden dadurch Stabilität gewinnen können, doch andererseits brächte die Mitgliedschaft dieser Länder viele neue Probleme, die den Integrationsprozeß durchaus verzögern könnten.

Die Veränderungen in Mittel- und Osteuropa stellen für die politischen Einigungsprozesse zweifellos eine neue Herausforderung dar. Sie bieten Chancen und Gefahren. Es ergibt sich die Möglichkeit, Europa nun wieder größer zu sehen und damit auch Strukturen und Formen der Zusammenarbeit in Europa zu entwickeln, die vom Atlantik bis zum Ural reichen. Doch es besteht auch die Gefahr, daß Europa diesen neuen Herausforderungen nicht gerecht wird, die nationalen Egoismen wieder durchbrechen und der erreichte Stand des europäischen Integrationsprozesses gefährdet wird. Alle Bürger, alle Politiker sind daher gefordert, die friedenssichernde Bedeutung eines vereinten Europas zu verdeutlichen und die integrationsfördernden Kräfte zu unterstützen.

2. Der Gesellenverein, das Kolpingwerk und Europa

2.0 Kurze historische Übersicht

1849:
Gründung des Kolpingwerkes in Köln/Rhein, BRD

1852:
Beginn der europäischen Ausbreitung:
Kolping selbst trägt durch seine ausgedehnten Reisen dazu bei, daß sich sein Werk beinahe im ganzen europäischen Raum entwickelt hat.

1914:
Bis zu Beginn des 1. Weltkrieges erhöht sich die Zahl der Mitglieder in Europa auf 86.000. Bei Ausbruch des 1. Weltkrieges werden die Kolpinghäuser in London, Paris, Brüssel und in ganz Italien beschlagnahmt.

1927:
Das Tief des 1. Weltkrieges wird bald überwunden, und man trifft sich aus ganz Europa zum II. Internationalen Kolpingtag in Wien, der unter dem Leitthema „Familie, Demokratie, Völkerfriede" steht.

1939 - 1945:
Das Internationale Kolpingwerk kommt durch den 2. Weltkrieg in große Bedrängnis.

7. September 1946:
Im Rahmen der Züricher Konferenz vom 7. und 8. Sept. 1946 werden Aktionen zur Reaktivierung des Kolpingwerkes in Europa festgelegt, wobei das Schweizer Kolpingwerk große finanzielle Hilfe für den Neubeginn in Europa leistet.

1946 - 1955:	Das Kolpingwerk gehört zu den ersten internationalen Organisationen, die durch Hilfsaktionen über Grenzen hinweg wieder Kontakte zwischen den ehemals verfeindeten Völkern zu schaffen vermögen (z.B.: Einsätze auf den Soldatenfriedhöfen in Frankreich, Belgien, den Niederlanden und Deutschland unter dem Leitthema „Versöhnung über den Gräbern").
1963:	Im Rahmen der XXII. Generalversammlung in Schwyz (Schweiz) bekennen sich die Vertreter des Internationalen Kolpingwerkes zum Gedanken der Vereinigung der Völker in Frieden und Freiheit.
1965:	Auf dem III. Internationalen Kolpingtag in Köln ruft der damalige österreichische Bundeskanzler Dr. Josef Klaus im Rahmen der Abschlußkundgebung den 50.000 versammelten Mitgliedern zu, den Gedanken der Vereinigung Europas weiterzutragen.
1966:	Das Internationale Kolpingwerk erhält den "Beobachterstatus bei CENYC" (Council of European National Youth Commitees/Europäischer Jugendrat), dem Zusammenschluß der Bundesjugendringe bzw. Jugend-Nationalkomitees der europäischen Staaten.
1968:	Die XXIII. Generalversammlung des Internationalen Kolpingwerkes in Salzburg (Österreich) steht unter dem Leitthema: „Es werde Europa".

1969 - 1975:	Vier europäische Großveranstaltungen führen das Leitthema: „Es werde Europa" weiter.
11. März 1974:	Das Internationale Kolpingwerk erhält auf Beschluß des Ministerrates des Europarates als NGO den Konsultativstatus beim Europarat.
seit 1974:	Das Thema „Europa" bildet einen Schwerpunkt der Bildungs- und Aktionsprogramme des Internationalen Kolpingwerkes.
seit 1979:	Europaseminare am Sitz des Europarates
1985:	Bildung einer kontinentalen Arbeitsgemeinschaft des europäischen Kolpingwerkes und erste Kontinentalratstagung.
Seit 1985:	Jährliche europäische Führungskräfteschulung.
1985:	Europäisches Friedenstreffen der Kolpingjugend in Bozen.
1989:	Verabschiedung der Ökologischen Leitlinien des europäischen Kolpingwerkes.
1991:	Gründung des europäischen Kolping-Bildungswerkes.
1993:	Europäisches Delegiertentreffen der Kolpingjugend. Europäischer Seniorenkongreß. Bildung des Exekutivkomitees des Europäischen Kolpingwerkes. Erstes gesellschaftspolitisches Seminar für Vertreter der Kolpingsfamilien und Zentralverbände in Ost- und Mitteleuropa.

2.1 Adolph Kolpings Gesellenverein: Von Anfang an eine übernationale Organisation

Michael Hanke

Schon ein Jahr nach der Gründung des Kölner Gesellenvereins schlossen sich die bestehenden Vereine (Elberfeld, Köln, Düsseldorf) zum Verband zusammen, und zwar zunächst - entsprechend der noch bescheidenen Verbreitung - unter dem Namen 'Rheinischer Gesellenbund'. Insofern war damit keine 'endgültige' Option für ein bestimmtes Verbreitungsgebiet gegeben, und entsprechend formulierte Kolping in seiner Berichterstattung: *„Dem Gesellen soll in dem Vereine eine Art Heimat bereitet werden, ein Familienhaus soll ihn aufnehmen, worin er Ausbildung, Schutz und Pflege findet; dies aber nicht bloß an einem Orte, sondern überall, wohin sein wandernder Sinn ihn führt und neue Arbeitslust ihn festhält."* (1)

Bereits im folgenden Jahr hatte die Versammlung der Vereine über eine Änderung des Verbandsnamens zu beraten; mit dem Hildesheimer Gesellenverein war nicht nur der rheinische Raum verlassen, sondern auch der bisherige staatliche, d.h. preußische Rahmen. Unter dieser Rücksicht gab es zunächst Überlegungen, das Werk 'Deutscher Gesellenverein' zu nennen, schließlich erfolgte aber die Umbenennung in 'Katholischer Gesellenverein'. In der Darstellung und Begründung dieser Entscheidung führte Kolping unter anderem aus: *„Gesellenvereine sollen oder können da gegründet werden, wo sie nottun, auch wenn nicht auf deutscher Erde. Und wenn diese eines Sinnes sind mit uns und wir können denen irgendwie eine hilfreiche Hand reichen oder wir können von ihnen irgend etwas Gutes empfangen und brauchen, so sind wir gar nicht so dumm, um des Grenzpfahles willen das Gute zu lassen. Der Gesell geht zuweilen auch gern über den Schlagbaum hinaus, und daß er andere Länder sieht, schadet ihm oft gar nichts. Und wenn er dann am*

Ende der Welt wieder einen verbrüderten Gesellenverein fände, gönnte ich es ihm von Herzen. Siehe, darum haben wir das 'deutsch' weggelassen." (2)

In einem Brief an den Redakteur der Zeitschrift 'Katholisches Blatt aus Mähren' schrieb Kolping: *„In unserem Vereine sitzen Nord- und Süddeutsche, Schlesier, Belgier, Holländer, Italiener ganz brüderlich, wie es sich in einem katholischen Vereine geziemt, beieinander, und wenn sie uns recht brave Tschechen, Ungarn, Slowaken etc. aus dem fernen Österreich hinüberschicken, sind uns auch diese herzlich willkommen. Wir möchten den Gesellen-Verein, wenn es anders angeht, so weit ausdehnen als nur möglich, ohne uns durch irgendeine Landesgrenze hemmen zu lassen. Unsere katholische Liebe gilt keiner einzelnen Nation, sondern gilt den Menschen, denen wir nur helfen können."* (3)

Dieser Gedanke macht - ergänzend und weiterführend - den Aspekt der brüderlichen Verbundenheit im Werk deutlich: Wo sich auch die Mitglieder aufhielten, welchem Verein sie sich während ihrer Wanderschaft auch anschlossen, überall sollten sie - unabhängig von ihrer jeweiligen Herkunft - ein wirkliches Zuhause finden.

Die zitierten Hinweise Kolpings enthalten im Kern bereits die beiden grundlegenden Ansätze, die die Entwicklung des Gesellenvereins bzw. des Kolpingwerkes seither und bis heute geprägt haben und prägen. Zum einen ist die prinzipielle Offenheit im Hinblick auf die räumliche Ausdehnung des Werkes gegeben: Wo immer Menschen sich zusammenfinden, um im Sinne der Grundideen Kolpings zu wirken, ist solches Tun möglich und sinnvoll. Zum anderen ist die prinzipielle Offenheit im Hinblick auf das gleichrangige und gleichwertige Miteinander verschiedener 'Partner' gegeben: Nicht einseitiges Geben oder Nehmen ist gefragt, sondern der lebendige Austausch von Ideen und Meinungen im Interesse einer gedeihlichen Entwicklung des Ganzen.

Die Geschichte des Kolpingwerkes ist auch durch einen dauerhaften Prozeß internationaler Ausbreitung geprägt, der sich allerdings in den verschiedenen Epochen der Verbandsgeschichte sehr unterschiedlich darstellt. Bereits zu Lebzeiten Kolpings gab es - über die Mitgliedsstaaten des Deutschen Bundes hinaus - Gesellenvereine in zahlreichen europäischen Ländern, und zwar (nach den heutigen Staatsgrenzen) in der Schweiz und in Italien, in Ungarn, Slowenien und Kroatien, in Frankreich, Belgien und Luxemburg, in Polen, Tschechien und Rumänien; weiterhin existierten erste Gesellenvereine in den Vereinigten Staaten von Amerika. Kolping selbst hat durch sein Wirken, gerade auch durch die eigene Reisetätigkeit, wichtigen, ja entscheidenden Anteil an der internationalen Ausbreitung seines Werkes genommen. Dabei waren ihm, und dies nicht erst im Zusammenhang mit der Arbeit im Gesellenverein, kleinkarierte nationale Engstirnigkeiten und Vorurteile fremd; eine Grundhaltung, die sicherlich mit dazu beitragen konnte, das Bemühen um die Ausbreitung des Werkes zum Erfolg zu führen.

Bis in die siebziger Jahre des 20. Jahrhunderts hinein war das Kolpingwerk vorrangig in Europa beheimatet; seither ist die rasche weltweite Ausdehnung des Verbandes erfolgt, gerade in die Länder der sogenannten Dritten Welt hinein, wo es mittlerweile in Afrika, Asien und Lateinamerika mehr Zentralverbände gibt als in Europa. Dort sind viele blühende Zentralverbände wie z.B. Ungarn und Rumänien im Gefolge des Zweiten Weltkrieges untergegangen, und erst seit dem Zerfall des kommunistischen Machtbereichs hat sich in den letzten Jahren eine außerordentlich dynamische Neuentwicklung ereignet, die bereits zu einer ganzen Reihe von Neugründungen von Zentralverbänden geführt hat. Insgesamt spiegelt diese Entwicklung das tatsächliche dynamische Potential der Ideen Kolpings, die sich eben immer wieder neu in durchaus unterschiedlichen aktuellen gesellschaftlichen und politischen Kontexten umsetzen lassen. Das europäische Kolpingwerk umfaßt heute zehn Zentralverbände, nämlich Deutschland, Italien (Südtirol), Litauen, Niederlande, Österreich, Portugal, Rumänien, Schweiz, Tschechien und Ungarn.

Für die Ersten Jahrzehnte der Verbandsgeschichte gilt ein hohes Maß der Einheitlichkeit in der Organisation und Gestaltung der Verbandsarbeit, geprägt insbesondere durch die Beratungen und Beschlüsse der jeweiligen Generalversammlungen. Aber auch hier war und blieb ein gewisser Gestaltungsraum gesichert, deutlich etwa in der von Anfang an im Generalstatut enthaltenen Bestimmung, wonach die Lokalvereine über ihr Statut selbst im Rahmen der allgemeinen Vorgaben befinden konnten: *„Jeder Lokalverein hat volle Freiheit, seine innere Organisation nach dem Ortsbedürfnis zu realisieren. Nur müssen stets die allgemeinen Vereinsstatuten gebührend berücksichtigt werden." (4)*

Die erste „echte" Generalversammlung unter gleichberechtigter Teilnahme aller vorhandenen Gliederungen des Verbandes fand im übrigen im Jahre 1864 in Würzburg statt; sie legte die Grundzüge für den mehrstufigen Verbandsaufbau (Internationales Werk, Zentralverbände, Diözesanverbände, Kolpingsfamilien) fest, wie sie im Kern bis heute gültig sind. (5)

Nach dem Ersten Weltkrieg hat dann - im Zusammenhang mit der Neuordnung der politischen Landkarte Europas, aber auch mit wachsendem Nationalbewußtsein - ein Prozeß zunehmender Eigenständigkeit der Zentralverbände eingesetzt, der seither eigentlich kontinuierlich und konsequent - wachsender Vielfalt entsprechend - weitergegangen ist. (6)

Gerade die Vielfalt im praktischen Verbandsleben bei gleichzeitiger Einheit im Grundsätzlichen ließ und läßt aber den Austausch von Erfahrungen und Ideen, Meinungen und Anregungen erst tatsächlich zu einem lebendigen und fruchtbaren Prozeß werden, wie er die heutige Realität im Internationalen Kolpingwerk kennzeichnet.

Das Miteinander im Verband war dabei von Anfang an durch seine demokratische Verfaßtheit geprägt, ausgedrückt etwa in der beschlußfassenden Kompetenz der jeweiligen Versammlungen auf den unterschiedlichen Organisationsebenen und in der Wahl der Leitungskräfte. Eben dies war und ist eine der wesentlichen Voraussetzungen für die wirklich überzeugende Internationalität des Kolpingwerkes, denn nur so konnte und kann auch weiterhin die tatsächliche Mitsprache und Mitwirkung der

Mitglieder bzw. der von ihnen in verantwortliche Positionen berufenen Leitungskräfte ermöglicht und gesichert werden. Kolping selbst hat diesen Ansatz - mit Bezug zu der ebenfalls von Anfang an bestehenden Verpflichtung der Mitglieder zur Beitragsleistung - in die folgende schlichte Kurzformel gebracht: *„Wozu jeder seinen Teil beiträgt, dazu will auch jeder wenigstens sein Wort oder seine Meinung beifügen können."* (7)

Mit Bezug auf eine geplante Zusammenkunft von Vereinspräsides in Prag schrieb Kolping seinem vertrauten Freund Gruscha in Wien: *„Sage dabei zur Zeit den Polen, Tschechen, Ungarn etc., daß ich gesagt, wir kennten nur eine Nation, und das sei die katholische; aller Hader sei von den Kindern Gottes verbannt, denn die Eintracht sei wirklich das Ehrenzeichen unter den Brüdern."* (8) Schon zu Lebzeiten Kolpings waren auch in seinem Werk aktuelle politische Spannungen und Problemlagen spürbar, gerade etwa die Nationalitätenkonflikte in der Donaumonarchie. Immer wieder haben im Laufe der Zeit politische Ereignisse und Entwicklungen, vor allem natürlich kriegerische Auseinandersetzungen, den katholischen Gesellenverein bzw. das Kolpingwerk vor harte Zerreißproben gestellt, in besonderer Weise z.B. nach dem Zweiten Weltkrieg. Wenn es das Kolpingwerk immer wieder verstanden hat, solche Gefahren erfolgreich zu meistern, dann in erster Linie aufgrund des eigenen Selbstverständnisses als einer wirklich internationalen Gemeinschaft, zumal einer katholischen Organisation, wie es in dem zitierten Satz Kolpings treffend zum Ausdruck kommt.

Als Fazit kann festgestellt werden, und zwar unabhängig von Details der Verbandsgeschichte: Das Kolpingwerk hat sich immer als Organisation verstanden, die hinsichtlich ihrer räumlichen Ausdehnung keine selbst gesetzten Grenzen kennt. Als katholischer Sozialverband war und ist das Kolpingwerk offen für eine vielfältige konkrete Umsetzung und Ausformung seiner grundlegenden Ziele und Aufgaben in unterschiedlichen Kontexten. Als demokratisch verfaßter Verband prägte und prägt das

Kolpingwerk die eigene Arbeit und Entwicklung im offenen Austausch von Meinungen und Erfahrungen, im dialogischen Prozeß wechselseitigen Gebens und Nehmens. Dabei galt und gilt die dauerhafte Herausforderung des angemessenen Ausgleichs zwischen möglicher und sinnvoller Vielfalt einerseits und nötiger und wirksamer Einheit andererseits.

Anmerkungen:
(1) Kolping-Schriften, Bd. 3, Köln, 1985, S. 97 (Bericht aus dem 'Vereinsorgan' über die erste Generalversammlung der katholischen Gesellenvereine in Düsseldorf am 20.10.1850). In diesem Zusammenhang mag an Kolpings Brief vom 29.11.1848 an Ignaz Döllinger erinnert werden, wo Kolping, seit einem Jahr Präses des Elberfelder Vereins, schrieb: „Ich brenne vor Verlangen, diesen Verein noch im ganzen katholischen Deutschland eingeführt zu sehen." Kolping-Schriften, Bd. 2, (2. Auflage.), Köln, 1991, S.131
(2) Kolping-Schriften, Bd. 3, Köln, 1985, S.275 (Bericht und kommentierende Ausführungen Kolpings aus der 'Feierstunde' zur zweiten Generalversammlung der katholischen Gesellenvereine vom 9.11.1851 in Köln)
(3) Brief an David vom 3.12.1851. Kolping-Schriften, Bd. 2 (2. Auflage.), Köln, 1991, S.154
(4) Kolping-Schriften, Bd. 3, Köln, 1985, S.80 (Allgemeines Vereinsstatut des Rheinisch-Westfälischen Gesellenbundes, § 5, als Vorlage im Februar 1850 in der Zeitung 'Deutsche Volkshalle' veröffentlicht). Entgegen der ursprünglichen Planung wurde der Verband dann 'Rheinischer Gesellenbund' genannt.
(5) Bei den in der Chronologie des Kolpingwerkes aufgeführten früheren Generalversammlungen hatte es sich - und dies vor allem aus politischen Rücksichten - formal eher um 'preußische Versammlungen mit internationaler Beteiligung' gehandelt. Hier ist auch daran zu erinnern, daß es erst seit 1928 einen Deutschen Zentralverband im Internationalen Kolpingwerk gibt, möglich und zugleich notwendig geworden durch die Ereignisse und Entwicklungen im Gefolge des Ersten Weltkrieges.

(6) Bei der Generalversammlung des Jahres 1921 wurden die neuen Herausforderungen tatsächlicher Vielfalt deutlich erkannt, aber zugleich unter dem Aspekt der Einheit aufgegriffen: „So ergibt sich schon allein, wenn wir auf Deutschland schauen, daß die nationale Frage von besonderer Bedeutung auch für unseren Verband geworden ist. Dies ist freilich immer der Fall gewesen und wir hoffen, auch heute mit diesem Problem fertig zu werden. Wir sehen eben mit Kolping unsere Aufgabe nicht im Kampf um politische Formen und Grenzen, wohl aber in der Pflege des Heimatsinnes und des Volkstums eines jeden Volkes. Dies hängt mit unserem Bildungsideal zusammen, das aus jedem das machen möchte, was er ist und somit auch seinen Volkscharakter achtet. Aber weil unser Gesellenverein ein sozialer Verein ist, der seine soziale Kraft aus katholischem Glauben und vor allem aus katholischer Liebe schöpft, so ist sein Wirkungsfeld überall dort, wo katholische Liebe gesellschaftliche Wunden in der Jugend und durch die Jugend zu heilen hat. In diesem Sinne nannte Kolping, der selbst seinem ganzen Fühlen nach ein echter Deutscher war, dennoch seinen Gesellenverein nicht 'Deutscher Gesellenverein', sondern 'Katholischer Gesellenverein', und in dieser Kraft ist es dem katholischen Gesellenverein gelungen, die nationalen Grenzen sofort zu überwinden, nicht nur in Deutschland, sondern auch sofort über deutsche Grenzen hinaus." Bericht des Generalsekretärs Dr. Johannes Nattermann über die Situation des Verbandes, gegeben am 26.7.1921, abgedruckt in den 'Mitteilungen für die Vorsteher der katholischen Gesellenvereine', VII. Serie, Heft 15, Oktober 1921, S.242

(7) Kolping-Schriften, Bd. 5, Köln, 1987, S. 352 f. (Briefe Kolpings über die Gründung von katholischen Gesellenvereinen, in: Mittheilungen für die Vorsteher der katholischen Gesellenvereine, 1865, Heft 4, Spalte. 111)

(8) Kolping an Gruscha, 28.8.1860; Kolping-Schriften, Bd. 2 (2. Auflage.), Köln, 1991, S.340

2.2 Zum Beitrag von Kolpingsfamilie/Kolpingwerk an der Europäischen Einigung

2.2.1 Europa-Seminare / Europäische Tagungen des Kolpingwerkes

Anton Salesny

Die Europaseminare am Sitz des Europarates in Strasbourg

Neben den vielfältigen Europaveranstaltungen auf der Ebene der Kolpingsfamilien, der Diözesanverbände, der Landesverbände, der Zentralverbände, der Internationalen Bodensee-Konferenz und des Europäischen Kolpingwerkes sei hier auf jene europäische Veranstaltungsserie des Internationalen Kolpingwerkes hingewiesen, welche im Zusammenwirken mit dem deutschen Zentralverband und dem Kolping-Bildungswerk seit 1980 am Sitz des Europarates in Strasbourg/Frankreich durchgeführt wird.

Bedingt durch die engagierte Europaarbeit in den letzten 40 Jahren und dem seit 1974 besitzenden Konsultativstatus beim Europarat (siehe auch Kapitel: „Die Mitwirkung des Kolpingwerkes im Europarat"), hat das Internationale Kolpingwerk als einzige NGO-Organisation seit 1980 die Möglichkeit während der Frühjahrs-Session ein 5-Tage-Seminar im Palais de l'Europe durchzuführen.

Diese Seminarreihe stellt ein wichtiges Element der europäischen Bildungs- und Informationsarbeit des Kolpingwerkes dar. Seit Bestehen haben über 800 engagierte Multiplikatoren aus 28 Staaten Informationen zum Thema Europa aus erster Hand und von höchst qualifizierten Referenten erhalten, wobei eine Vielzahl von europäischen Aktivitäten von diesen Seminarteilnehmern im Kolpingwerk ausgingen.

Durch die Zusammensetzung der Teilnehmer ist Europa zunächst in der Gruppe erlebbar. Seine besondere europäische Prägung erhält dieses Seminar allerdings durch die Durchführung im Palais de l'Europe während der Session der Parlamentarischen Versammlung des Europarates.

Die Referenten des Seminars sind Direktoren und leitende Beamte des Europarates, des Europäischen Parlamentes, Parlamentarier, Botschafter, Minister und bedeutende Europajournalisten.

Neben den im angefügten Programm genannten Referenten konnte das Kolpingwerk in den letzten Jahren folgende weitere bedeutende Persönlichkeiten zu seinen Seminarreferenten zählen:

- Catherine Lalumiere, Generalsekretärin des Europarates
- Dr. Franz Karasek, Generalsekretär des Europarates
- Dr. Marcelino Oreja, Generalsekretär des Europarates und ehemaliger spanischer Außenminister
- Dr. Alois Mock, Vorsitzender des Ministerkomitees des Europarates und österreichischer Außenminister
- Dr. Peter Leuprecht, Direktor für die Menschenrechte beim Europarat und gegenwärtiger Generalsekretärstv. des Europarates
- Dr. Karl Ahrens, Präsident der Parlamentarischen Versammlung
- Senator Louis Jung, Präsident der Parlamentarischen Versammlung
- Miguel Angel Martinez, Präsident der Parlamentarischen Versammlung
- Senator Pierre Wintgens, Vizepräsident der Parlamentarischen Versammlung des Europarates usw.

Das in der Folge wiedergegebene Programm des Europaseminars 1994 wird nach verschiedenen Erprobungsphasen seit ca. 5 Jahren inhaltlich und vom Zeitablauf nach diesem Raster durchgeführt und jeweils den Veränderungen in Europa angepaßt. Es findet stets zum Zeitpunkt der Frühjahrs-Session der „Parlamentarischen Versammlung des Europarates" in Strasbourg statt, welche in der 2. April- oder 1. Maihälfte liegt.

Hinweise für künftige Seminarteilnehmer:
Mögliche Interessenten können für ihre Planung bereits
ab September den Termin für das Europaseminar des
nächsten Jahres unter folgender Anschrift erfahren: Kolping-Bildungswerk, Postfach 100841, D-50448 Köln,
Telefon: 0221/207010, Fax: 2070146

*16. Europäisches Studienseminar - „Die Integration Euro-
pas" vom 10. bis 15. April 1994 in Strasbourg/Frankreich*
Veranstalter: Internationales Kolpingwerk (IKW) „Kolping-
Bildungswerk", D-50448 Köln, Kolpingplatz 5 - 11, Postfach 100841, Tel.: BRD 0221/20701 DW 166 oder 169,
Fax: BRD 0221/2070138
Programmkoordinator: Anton Salesny, Europa-Beauftragter des IKW, Schaumanngasse 70/4/8, A-2000 Stockerau
bei Wien, Tel.: Österreich (0043)02266/63401 (Schule),
02266/65916 (privat)
Leitungsteam: Peter Böttcher, Referent für Jugendbildung, Mathias Streicher, EG-Referent des IKW, D-50448,
Köln, Kolpingplatz 5 - 11, Postfach 100841

Teilnehmer: 60 Personen aus den Staaten: Bundesrepublik Deutschland, Italien, Belgien, Niederlande, Luxem-
bourg, Österreich, Schweiz, Großbritannien, Irland, Portugal, Spanien, Griechenland, Finnland, Ungarn,
Tschechische Republik, Slowakei, Bulgarien, Litauen
Konferenzsprache: Deutsch (Portugiesisch)

Seminarziel: Dieses Studienseminar möchte politisch
Interessierte mit den Zielsetzungen des Europarates
(Council of Europe), des Europäischen Parlaments (EP),
der Europäischen Union (EU früher EG), des Europäischen Wirtschaftsraumes (EWR) und weiterer europäischer Institutionen (OECD, KSZE, EFTA, NATO, WEU
usw.) vertraut machen.

Im Rahmen des Seminars wird es die Möglichkeit des
Gespräches mit Europapolitikern, Diplomaten und Fach-
leuten der europäischen Integration geben.

Des weiteren sei auf die Einführungsunterlage (Ver-
sand mit der Seminaranmeldebestätigung) zu diesem
Informationsseminar verwiesen.

Unterbringung: „CIARUS" _ Centre International D'Accueil et de Rencontre Unioniste de Strasbourg (Internationales Jugendzentrum), F-67000 Strasbourg, 7, rue Finkmatt, Tel.: Frankreich (0033) 88/321212, Fax: 88/231737, Lage: ca. 3 Minuten vom Justizpalast (siehe Hinweise in der Seminaranmeldebestätigung!)

Tagungsort: Palais de l'Europe (Europaratsgebäude), Avenue de l'Europe, F-67075 Strasbourg - Cedex, B.P. 431 R 6, Besucherdienst des Europarates, Tel.: Frankreich (0033) 88/412000, 88/4312029, Fax: Frankreich (0033) 88/412754

Seminarbetreuung: 1) Besucherdienst des Europarates (Presse- und Informationsdirektion), Mme Arlette Berthon mit dem Mitarbeiterteam: Mme Isabelle Stupfel, Mme Corinne Amat und M. Laurent Viotti, 2) Besucherdienst des Europäischen Parlaments (EP), F-67070 Strasbourg - Cedex, B.P. 1024 F, Avenue du Président Robert Schuman, Dr. Otmar Philipp

Teilnehmerkosten: DM 250,— pro Person. Darin sind enthalten: Unterkunft in Doppelzimmern mit Dusche/WC, Vollpension, sämtliche Eintrittsgelder, Seminarkosten und Kosten des Arbeits- und Informationsmaterials und die Gebühr für die Stadtführung.

Die Fahrtkosten gehen zu Lasten der Teilnehmer, wobei die Möglichkeit zur Bildung von Fahrgemeinschaften zu prüfen wäre, um die An- und Abreisekosten gering zu halten. Zudem verweisen wir auf die vergünstigten Tarife der Deutschen Bundesbahn (Sparpreis, Kleingruppe mit Sparpreis). Zur Bildung der möglichen Fahrgemeinschaften geht zeitgerecht den Teilnehmern eine Teilnehmerliste für die erforderliche Kontaktaufnahme zu. Wir ersuchen daher, bei der Anmeldung auch eine Telefonnummer angeben zu wollen!

Anmeldungen: über die Sekretariate der Zentralverbände

Programm:

Sonntag, 10. April 1994: Anreise bis 18.30 Uhr, Quartierzuweisung (ab 16.00 Uhr) im „CIARUS", 19.00 Uhr Abendessen (CIARUS), Seminarraum 401, 20.00 - 21.30

Uhr Begrüßung und Vorstellung der Teilnehmer, Vorstellung des „Zentrums für internationale Bildung und Kulturaustausch/Kreuzberg Bonn", Einführung in die Seminarthematik und in das Seminarprogramm

Montag, 11. April 1994: 07.30 Uhr Frühstück (CIARUS), Seminarraum 401, 08.00 - 10.00 Uhr „Umweltfragen in Europa", Referent.: Peter Böttcher, Köln, Referent für Jugendbildung, 10.15 - 12.00 Uhr „Entwicklungen in Osteuropa", Gespräch mit Seminarteilnehmern aus den ehemaligen Ostblockstaaten unter der Leitung von Mathias Streicher, Köln, EG-Referent des Internationalen Kolpingwerkes, 12.15 Uhr Mittagessen (CIARUS), 14.30 - 16.15 Uhr „Die Integration Europas", a) Übersicht über die politische, wirtschaftliche und militärische Integration Europas, b) Übersicht über die europ. Institutionen: Europarat (Council of Europe), OECD (OEEC), KSZE, EWR, EU/EG: EWG, EGKS, EAG (EURATOM), EP, EFTA, NATO, WEU usw., Referent: Anton Salesny, Wien, Europa-Beauftragter des IKW, 16.30 Uhr Abgang zum Bustransfer: Europarat (Bus Nr. 3/13/23 „Place Broglie" - Palais de l'Europe"), Palais de l'Europe (Europaratsgebäude) 17.00 - 18.00 Uhr Teilnahme an der Plenarsitzung der „Parlamentarischen Versammlung des Europarates" (Palais de l'Europe), 18.30 Uhr Abendessen (CIARUS), Münster 20.00 - 21.00 Uhr „Licht und Ton" (Ein Blick in die europ. Geschichte) Eine Licht- und Tondokumentation über das Strasbourger Münster auf dem Hintergrund der europäischen Geschichte

Dienstag, 12. April 1994: 07.30 Uhr Frühstück (CIARUS), 08.00 Uhr Abgang zum Bustransfer: Europarat (Bus Nr. 3/13/23) Palais de l'Europe (Europaratsgebäude), 08.30 - 08.45 Uhr Empfang und Führung durch den Besucherdienst des Europarates, Projektionsraum der Pressedirektion, 08.45 - 09.15 Uhr „Auf dem Weg zu einem vereinten Europa" Fernsehfilm des ORF (Österr. Fernsehen) Buch und Präsentation: Anton Salesny Saal: 101, 09.15 - 09.30 Uhr Begrüßung Dr. Peter Leuprecht Generalsekretärstv. des Europarates, 09.30 - 11.00 Uhr „Der Europarat" - Funktion und Arbeitsweise - Erläuterungen zu den thematischen Inhalten der Aprilsession 1994, Referent: Lothar Hertwig Leiter des Referates „Öffentlichkeitsarbeit des Europarates", 11.15 - 12.15 Uhr „Das Europa der Regionen" (Grenzüberschreitende Zusammenarbeit) Referent: Mudrich Hauptverwaltungsrat Sekretär der Raumordnungsministerkonferenz, 12.30 Uhr Mittagessen (Einladung der Presse- und Informationsdirektion des Europarates), 14.00 - 15.30 Uhr „Die Integrationsbemühungen des Europarates in den Bereichen Bildung, Kultur und Sport" Referent: Dr. Michael Vorbeck Leiter der Sektion „Dokumentation" der Direktion für Bildung, Kultur und Sport, 15.45 - 17.00 Uhr Informationsgespräch mit einem leitenden deutschen Abgeordneten zur „Parlamentarischen Versammlung des Europarates" (Mitglied zum Deutschen Bundestag Dr. Gerhard Reddemann, Vizepräsident der „Parlamentarischen Versammlung des Europarates" und Leiter der Deutschen Parlamentarierdelegation zum Europarat), 17.00 - 18.00 Uhr Teilnahme an der Plenarsitzung der „Parlamentarischen Versammlung des Europarates" (Palais de l'Europe), 18.30 Uhr Abendessen (CIARUS)

Mittwoch, 13. April 1994: 08.00 Uhr Frühstück (CIARUS), 08.30 - 11.45 Uhr „Die Europäisierung Strasbourgs" - Leben in einer multikulturellen Stadt im Herzen Europas - Referent: Margot Watkins-Lauer Fremdenführerin der Stadt Strasbourg, 12.00 Uhr Empfang im Strasbourger Rathaus durch den Bürgermeister der Stadt Strasbourg Madame Catherine Trautmann - Maire de la Ville de Strasbourg, - Députée au Parlement Européen, Nachmittag zur freien Verfügung

Donnerstag, 14. April 1994: 07.30 Frühstück (CIARUS); 08.00 Uhr Abgang zum Bustransfer: Europarat (Bus Nr. 3/13/23) Fahrt zum „Europäischen Gerichtshof für die Menschenrechte" (Palais de Droits de l'Homme/DH), Palais de Droits de l'Homme (DH) 08.30 - 09.45 Uhr Verhandlungssaal des Europ. Gerichtshofes für die Menschenrechte oder Palais de l'Europe, Saal: 101: „Die Europäische Menschenrechtskonvention" - Inhalte der Konvention, - Funktion und Arbeitsweise des Europäischen Gerichtshofes für die Menschenrechte Referent:

Dr. Hanno Hartig Leitender Beamter der Direktion für die Menschenrechte im Europarat, Europäisches Parlament, Saal:... 10.00 - 12.00 Uhr „Die Rolle des Europäischen Parlaments am Europäischen Integrationsprozeß" (Besuch beim Europ. Parlament/EP) Referent: Dr. Otmar Philipp Besucherdienst des EP, Palais de l'Europe (Europaratsgebäude) 12.15 Uhr Mittagessen (Europarat), Saal: 101, 14.00 - 15.30 Uhr „Die Integration Europas" - Überlegungen eines engagierten Europa-Journalisten über die europäische Integration - Referent: Prof. Claus Schöndube, Frankfurt/Main, Journalist und Sachbuchautor., 15.45 - 17.00 Uhr „Die Rolle der Europäischen Union (EU) bzw. der Vorläuferorganisation EG am Europäischen Integrationsprozeß" Referent: Prof. Claus Schöndube Vizepräsident der UEF (Union Europäischer Föderalisten), 17.00 - 18.00 Uhr Teilnahme an der Plenarsitzung der „Parlamentarischen Versammlung des Europarates", Meditationsraum des Parlaments 18.00 - 18.10 Uhr Gebet für Europa mit Msgr. Celestino Europa Migliore Ständiger Vertreter des Vatikans (Heiligen Stuhls) beim Europarat, 18.45 Uhr Abendessen (CIARUS), 20.00 Uhr Abschlußabend im Restaurant Gutenberg (gegenüber dem Strasbourger Münster) „Le Gutenberg", 8, Place Gutenberg

Freitag, 15. April 1994: 07.30 Uhr Frühstück (CIARUS) (bis 09.00 Uhr sind die Zimmer zu räumen), Seminarraum 401: 08.30 - 10.00 Uhr Zusammenfassung und Abschluß des 16. Europaseminars 1) Überlegungen über die Umsetzung der Seminarinhalte, 2) Aufarbeitung noch offener Fragestellungen, 3) Seminarkritik

2.2.2 Europa - eine Aufgabe des Kolpingwerkes:
Eckwerte für Europa und die europäische Einigung in Erklärungen und Stellungnahmen des Verbandes

Josef Anton Stüttler

Der Gesellenverein Adolph Kolpings hat sich von Anfang an keinesfalls auf das damalige Deutschland beschränkt. Von daher ist es durchaus konsequent, daß auch das Kolpingwerk in der Folgezeit seine Übernationalität grundsätzlich beibehalten und auch in Europa den Einigungsprozeß mitgetragen hat. Zentrale Ansätze, Ziele und Inhalte in Sachen Europa hat das Kolpingwerk in verschiedenen Erklärungen und Stellungnahmen festgeschrieben; ebenso hat der Verband zu aktuellen Fragen und Problemen der europäischen Einigung einschließlich der darüber hinausgehenden Vorgänge in Europa seine Meinung artikuliert.

Eckwerte für die europäische Einigung sind sowohl vom Kolpingwerk Deutscher Zentralverband, vom Europäischen Kolpingwerk und vom Internationalen Kolpingwerk entwickelt und den verbandlichen Gremien, ebenso der interessierten Öffentlichkeit zugeleitet worden. Schon daraus kann die Bedeutung erschlossen werden, die das Kolpingwerk Europa, insbesondere aber der europäischen Einigung zuweist.

Menschenrechte - der inhaltliche Schwerpunkt zur europäischen Einigung aus der Sicht des Kolpingwerkes
Die gerade genannten Gremien des Kolpingwerkes fordern in ihren Erklärungen und Stellungnahmen vor allem Ausweitung und Garantie der Menschenrechte in Europa, insbesondere aber für die europäische Einigung.

So begrüßen das Kolpingwerk Deutscher Zentralverband und desgleichen das Europäische Kolpingwerk in gesonderten grundsätzlichen Erklärungen vom

13.02.1993 bzw. 24.10.1993 zur Europäischen Union ausdrücklich ..."jede durch demokratische Vollzüge geleistete Einigung von Gruppierungen, Regionen, Nationen, Völkern, Staaten und weiteren gesellschaftlichen, wirtschaftlichen und politischen Organisationen." In Bezugnahme auf den „Maastrichter Unionsvertrag" fordern beide verbandlichen Organisationen für den Fortgang der europäischen Einigung:

„1. Der 'Maastrichter Vertrag' ist unverzüglich durch einen eigenständigen, d. h. über die Europäische Konvention hinausgehenden Katalog von einklagbaren Menschenrechten und Grundfreiheiten zu ergänzen. Die faktische Eingrenzung auf den wirtschaftlichen Bereich ist unmittelbar auf der Basis eines umfassenden Menschenverständnisses auszuweiten.

2. Der notwendige Katalog einklagbarer Menschenrechte und Grundfreiheiten muß zwingende Bestimmungen zur wirtschaftlichen und sozialen Selbstverwaltung, zur Mitbestimmung des abhängig Beschäftigten und zu menschen- und ortsnaher Vermögensbildung in Arbeitnehmerhand einschließen.

3. Dieser Katalog einklagbarer Menschenrechte und Grundfreiheiten hat in Analogie zu einigen Verfassungsurkunden von Unionsmitgliedsländern ebenfalls für Ehe und Familie entsprechende Eigenrechte, grundsätzliche subsidiäre Schutzbestimmungen durch die Union, ebenso wirksame obligatorische familienbezogene Förderungsvorschriften zu enthalten."

Diese Eckwerte in Sachen Menschenrechte ergänzt das Internationale Kolpingwerk in Bezugnahme auf die KSZE-Schlußakte in einer Erklärung vom 01.10.1993 durch folgende Hinweise:

„1. Die Menschenrechte, wie sie allgemein in VII der KSZE-Schlußakte festgeschrieben sind, müssen präzisiert werden.

2. Diese Menschenrechte sind völkerrechtlich als einklagbare zu qualifizieren.

3. Für die einschlägige Rechtsprechung ist ein eigener Menschenrechts-Gerichtshof oder wenigstens eine eigene Abteilung beim Menschenrechts-Gerichtshof des Europarates in Straßburg einzurichten.

4. Für die Umsetzung der Urteile dieses Gerichtshofes sind - analog zu den relevanten Bestimmungen der Europäischen Konvention für Menschenrechte und Grundfreiheiten - die innerstaatlichen Organe der Unterzeichnerstaaten zuständig."

Das Europäische Kolpingwerk verlangt zudem Ergänzungen der Europäischen Konvention zum Schutze der Menschenrechte und Grundfreiheiten, und zwar

- die Aufnahme der UNO-Konvention über die Rechte des Kindes (Erklärung vom 17.11.1990) und

- die Aufnahme des Asylrechtes in diese Konvention (Erklärung vom 11.11.1989; vgl. dazu auch Erklärung des Europäischen Kolpingwerkes zum Asylrecht vom 06.11.1986. In dieser Erklärung hatte der Verband bereits die internationale Wahrung und Garantie des Asylrechtes als Menschenrecht gefordert.)

Anläßlich des Ersten Treffens der Staats- und Regierungschefs der Europarats-Mitglieder vom 08.-09.10.1993 in Wien fordert das Europäische Kolpingwerk in einer Stellungnahme vom 23.10.1993 zusätzlich die Stärkung der Demokratie auf lokaler Ebene, und dies auch in Einbezug von Ost-Europa. Wörtlich heißt es da: „Der Europarat sollte geeignete Programme initiieren, um auch erfahrenen NRO's im Bereich der Schulung von Kommunalpolitikern und in der Vermittlung von Grundkenntnissen der demokratischen Rechtsordnung bei der Umsetzung ihrer Programme zu beteiligen."

Soziale Grundrechte in Europa - ein zusätzlicher Eckwert in Stellungnahmen des Verbandes

Zu den europäischen Sozialchartas (Sozialcharta des Europarates - 1961 -, EG-Gemeinschaftscharta der sozialen Grundrechte der Arbeitnehmer - 1989) regt das Europäische Kolpingwerk in zwei Erklärungen (beide vom 07.07.1991) an,

- daß unter anderem die ..."in der Sozialcharta des Europarates festgeschriebenen wirtschaftlichen und sozialen Grundrechte ... verfahrensrechtlich analog zu den staatsbürgerlichen und politischen Grundrechten der Europäischen Menschenrechtskonvention auszugestalten" seien und

- daß die in der EG-Sozialcharta verankerten sozialen Grundrechte auch entsprechend umgesetzt werden müßten. Dazu heißt es wörtlich:
„1. Die in der Gemeinschaftscharta verankerten sozialen Grundrechte sind von allen Mitgliedsstaaten auf möglichst hohem Niveau umfassend und umgehend zu harmonisieren.

2. Der Grundrechtskatalog der Sozialcharta ist entsprechend dem Katalog für Menschenrechte und Grundfreiheiten des Europäischen Rates zu erweitern.

3. Dem Europäischen Parlament sind die dafür erforderlichen Kompetenzen unverzüglich durch Annahme und Inkraftsetzung einer entsprechenden Europäischen Verfassung zuzuschreiben."

Umwelt als europäische Aufgabe

In einem verhältnismäßig umfänglichen Dokument hat das Europäische Kolpingwerk am 11.11.1989 „Ökologische Leitlinien" verabschiedet. Diese sehr grundsätzliche Aussage begründet Wahrung und verantwortliche Gestaltung von Natur/Umwelt im dreidimensionalen christlichen Menschenverständnis (Individualität, Sozialität, Naturalität), fordert ein neues Denken gegenüber Natur, formuliert Anstöße zum Handeln, und dies in Einbezug auch des schutzlosen vorgeburtlichen menschlichen Lebens und aller Lebensbereiche einschließlich der Fortpflanzungsmedizin. Ebenso setzt sich das Europäische Kolpingwerk in seinen Ökologischen Leitlinien für den Schutz der Artenvielfalt von Pflanzen und Tieren und den verantwortlichen Umgang mit den Ressourcen ein.

Als besondere Aufgabe für das Kolpingwerk als Bildungs- und Aktionsgemeinschaft werden unter anderem ausgemacht: Motivations- und Informationsvermittlung, gesellschaftliches Engagement, und dies auch durch Einsatz für den immateriellen Umweltschutz. Ziffer 8.4 des Dokumentes konkretisiert dies.

Erklärungen und Stellungnahmen des Kolpingwerkes zu aktuellen europäischen Entwicklungen

Für diese Erklärungen waren konkrete aktuelle Spannungen in Europa, insbesondere in Ost-Europa Anlaß. Dazu heißt es in der Erklärung des Europäischen Kolpingwerkes vom 05.02.1993 unter anderem:

"In den letzten Jahren hat in Europa aufgrund äußerer wie innerer Wandlungen die nationale Vielfalt in verschiedenen Gebieten, insbesondere in Ost- und Südost-Europa neue, teils sogar staatenbildende Bedeutung angenommen. Die regionen- und nationenübergreifende, in Menschenwürde und Menschenrechten gegründete Einheit Europas wird dabei nicht selten erheblichen Belastungen ausgesetzt. Die kulturellen und politischen Rechte von Minderheiten werden zunehmend bedroht. Dieser Prozeß ist noch nicht abgeschlossen.

Das europäische Kolpingwerk beobachtet diese Entwicklungen mit großer Aufmerksamkeit und auch mit nachhaltiger Sorge im Hinblick auf die Sicherung des Friedens und die Beachtung der Menschenwürde sowie der Achtung der Rechte von Minderheiten in den jeweils neu entstehenden Staaten.

Das europäische Kolpingwerk sieht in der Erhaltung bzw. der Wiedergewinnung des Friedens in Europa eine vorrangige Aufgabe, der auch bei wachsender nationaler Vielfalt die ganze Aufmerksamkeit gelten muß."

Konsequent werden vor allem gefordert:

„1. Ein umfassend angelegtes Bildungsprogramm in allen Staaten Europas, besonders aber in den ehemals unter kommunistischer Herrschaft stehenden Staaten Europas für die Erziehung zur politischen Kultur und zu den Grundlagen und Inhalten der verschiedenen Menschenrechtskataloge."...

„2. Eine menschenwürdige Gestaltung der gesellschaftlichen Ordnung in den einzelnen Staaten Europas, auf der Basis der Menschenrechte und in Beachtung der subsidiären Struktur in Gesellschaft und politischer Ordnung."...

„3. Ein breit angelegtes Solidaritätsprogramm aller europäischen Staaten zur Überwindung der sozialen Not und zur Lösung der wirtschaftlichen Probleme in den Staaten unter ehemals kommunistischer Herrschaft."...

„4. Eine besondere Solidaritätsaktion der Christen für Osteuropa sowie eine verstärkte inhaltliche Aufarbeitung und Verwirklichung der Ansätze, Ziele und Inhalte der Dokumente der christlichen Gesellschaftslehre durch Bildung und Aktion."...

Mit „Sekten" und „neuen religiösen Bewegungen" befaßt sich eine eigene Erklärung des Europäischen Kolpingwerkes vom 4. Juli 1992. Darin heißt es unter anderem: „Die Parlamentarische Versammlung des Europarates hat am 5.2.1992 einen Bericht des „Ausschuß für Recht und Menschenrechte" über Sekten und neue religiöse Bewegungen diskutiert, verschiedene Konsequenzen formuliert und den Mitgliedsländern entsprechende Empfehlungen vorgeschlagen.

"Das Europäische Kolpingwerk unterstützt diese im Europadokument 6535 zusammengefaßten Empfehlungen, so vor allem:
- die Registrierpflicht aller Sekten und neuen religiösen Bewegungen,
- die umfassende Information über Art und Aktivitäten dieser Bewegungen durch eigene unabhängige Institutionen,

-   den verstärkten Schutz von Minderjährigen durch Ratifizierung des europäischen Übereinkommens in Sachen Sorgerecht aus dem Jahre 1980,
-   die stringentere Anwendung bestehender nationaler Gesetzte zum Schutz der Kinder,
-   die soziale Absicherung von Personen, die die Sekten verlassen.

Sekten und neue religiöse Bewegungen dürfen nicht zu neuen menschenunwürdigen Abhängigkeiten führen."

Diese hier nur in Ausschnitten eingeblendeten Forderungen des Kolpingwerkes verdeutlichen mehrfach und ausdrücklich, daß das Kolpingwerk Deutscher Zentralverband, das Europäische Kolpingwerk wie das Internationale Kolpingwerk den Ansatz Adolph Kolpings eingelöst haben bzw. einlösen, indem sie Europa und vor allem der europäischen Einigung eine besondere Bedeutung beimessen.

2.3 Organisatorische Verflechtungen/Umsetzung
2.3.1 Zusammenarbeit des Europäischen Kolpingwerkes mit den EG-Institutionen

Matthias Streicher

Die Institutionen der Europäischen Gemeinschaft sind nicht die Einrichtungen des „christlichen Abendlandes", sondern die Verwaltungsorgane der größten transnationalen Wirtschaftsbürokratie der Welt. Seit der Gründung der Europäischen Gemeinschaft für Kohle und Stahl (EGKS) im Jahr 1951 ist diese Gemeinschaft der nunmehr zwölf Mitgliedstaaten einseitig auf die wirtschaftliche Zusammenarbeit orientiert. An dieser Orientierung konnten auch kosmetische Korrekturen hin zu einer Gemeinschaft der Bürger oder zu einem sozialen Europa wenig verändern. Es kann daher die Frage gestellt werden, welchen Sinn für einen katholischen Sozialverband die Zusammenarbeit mit den Einrichtungen der Europäischen Union, so die neue, nach der Ratifizierung des berühmt-berüchtigten „Vertrages von Maastricht" offizielle Bezeichnung, überhaupt macht.

Die positive Antwort auf diese Frage wird durch den Umstand erleichtert, daß die Europäische Union in der Theorie und in Zukunft mehr sein möchte, als sie es im Augenblick ist. Zwar ist Schumanns und Monnets Traum von den „Vereinigten Staaten von Europa" noch lange nicht realisiert, doch haben die Unterzeichner des „Vertrages über die Europäische Union" den Wunsch zur Verstärkung der Solidarität unter den Völkern, ihren festen Willen zur Förderung des wirtschaftlichen und sozialen Fortschrittes sowie ihre Entschlossenheit zur Schaffung einer gemeinsamen Unionsbürgerschaft für die Staatsangehörigen ihrer Länder ausgedrückt.

Aufgabe eines europaweit tätigen katholischen Sozialverbandes kann und muß daher sein, in Zusammenarbeit mit den Institutionen der Europäischen Union an die vertragliche Verpflichtung zur sozialen Dimension der Union zu erinnern, an der Realisierung eines sozialen und solidarischen Europa mitzuwirken und dabei den Grundsätzen der katholischen Soziallehre Geltung zu verschaffen.

Bei dieser Aufgabe muß man sich allerdings gewahr sein, daß die eigene Stimme nur ein sehr unbedeutender Ton im Konzert der europäischen Meinungsmacher und Interessenvertreter ist. So kommen bspw. auf die 17.000 Mitarbeiter der Europäischen Union zwischen 5 und 10.000 sogen. Lobbyisten. Die katholischen Einrichtungen und Verbände beschränken sich, wenn überhaupt etwas geschieht, auf das Sammeln von Informationen und das Verfassen mehr oder weniger sinnvoller Resolutionen und Stellungnahmen. Von einer strukturierten Zusammenarbeit zwischen katholischen Einrichtungen und Verbänden und denen der Europäischen Union kann bisher nicht Rede sein. Dies gilt sowohl pauschal, als auch, zumindestens bis heute, für das Kolpingwerk im besonderen.

Die Ursachen hierfür sind vielfältig und hängen nur zum Teil mit der einseitigen Schwerpunktsetzung der Union auf die wirtschaftliche Kooperation zusammen. Ein wesentlich größeres Hindernis stellt die, in Anbetracht der kulturellen Vielfalt Europas sicherlich sinnvolle, religiöse Neutralität der Institutionen der Union dar.

Selbstverständlich hat bereits 1976 der Europäische Gerichtshof die Bekenntnisfreiheit als von der Gemeinschaftsrechtsordnung gewährleistetes Grundrecht bezeichnet, eine Entscheidung, der sich das Europäische Parlament, der Rat und die Kommission 1977 in einer feierlichen Erklärung zur Wahrung der Grundrechte angeschlossen haben und die in den Eingangsformulierungen zum Vertrag über die Europäische Union erneut bestätigt wurde.

Die Anerkennung des Grundrechtes auf Bekenntnisfreiheit sagt jedoch wenig über den Stellenwert aus, den kirchliche oder religiöse Einrichtungen genießen. Die Brüsseler Institutionen vertreten durchweg einen Geist, der laizistisch geprägt ist. Der äußere organisatorische Aufbau der Behörden, z.B. die Aufteilung in Kommission,

Generaldirektionen und beratende Ausschüsse orientiert sich ebenso an französischen und angelsächsischen Vorbildern, wie auch die interne geistige Ausrichtung dieser Einrichtungen. Die in Frankreich geübte strikte Trennung von Religion und Staat findet man also auch in Brüssel wieder. In dem prinzipiell positiv zu bewertenden Bestreben der Institutionen der Europäischen Union, immer und fast um jeden Preis konsensfähig zu bleiben, versucht man, möglichen Konflikten bereits im Vorfeld auszuweichen. Zu dieser Strategie der Konfliktvermeidung und Konserserhaltung gehört auch die entsprechende Neutralität in Fragen, die mit Religion, Kirche o.ä. zu tun haben.

Ein katholischer Sozialverband wird sich dementsprechend am deutlichsten Gehör verschaffen, wenn er mit Einrichtungen zusammenarbeitet, denen die Bedeutung und Arbeitsweise von kirchlichen Verbänden nicht fremd sind und die eine Brückenkopf-Funktion zu den Institutionen der europäischen Union ausüben können. Im Folgenden sollen zunächst einige dieser Institutionen vorgestellt und anschließend ein praktisches Beispiel der Zusammenarbeit des Kolpingwerkes mit der Kommission der Europäischen Gemeinschaften gegeben werden.

Die europäischen Institutionen

In der Regel konzentriert sich die Kontaktarbeit in Brüssel bei der Informationsbeschaffung und Einflußnahme auf vier Gemeinschaftsinstitutionen: die Kommission, das Parlament, den Wirtschafts- und Sozialausschuß und den Rat.

Die Kommission der Europäischen Gemeinschaften

Die Kommission der Europäischen Gemeinschaften oder kurz „Kommission" ist das Herzstück und zentrale Verwaltungsorgan der Europäischen Union. Von den Regierungen der Mitgliedstaaten unabhängig und in keiner Form demokratisch legitimiert, besitzt sie zugleich Initiativ- und Exekutivrechte und unterliegt lediglich einer schwachen Kontrolle durch das Parlament, welches dem Haushaltsentwurf zustimmen muß, bzw. die Kommission als ganze durch ein Mißtrauensvotum zum Rücktritt zwingen kann.

Die 17 Kommissare werden für vier Jahre einvernehmlich von den Mitgliedstaaten ernannt und sind nicht an Weisungen ihrer Heimatländer gebunden.

Aufgrund ihrer überragenden Bedeutung innerhalb der europäischen Institutionen ist die Kommission das wichtigste Ziel der Interessenvertreter. Sie überwacht die Einhaltung der getroffenen Verträge und Vereinbarungen, gibt aber auch Empfehlungen und Stellungnahmen ab und steht vor allen Dingen in der Regel am Anfang eines jeden Rechtsetzungsverfahrens der Union. Wegen dieser umfassenden Befugnisse, die entsprechend in die Mitgliedstaaten hineinwirken, ist eine Zusammenarbeit eines katholischen Sozialverbandes mit dieser Institution unbedingt erforderlich.

Vertretungen der Kommission der Europäischen Gemeinschaften in den Mitgliedstaaten

Die Vertretungen der Kommission in den Mitgliedstaaten sind so etwas wie die nationale Eingangstür zu Brüssel. Dort können erste Kontaktadressen und Informationen erfragt werden.

In jedem Mitgliedstaat ist die Kommission mit mindestens einer ständigen Vertretung präsent und darüber hinaus auch in nahezu allen europäischen Staaten vertreten. Diese Vertretungen haben einerseits diplomatische Funktionen, zum anderen unterhalten sie Informations- und Beratungsabteilungen bis hin zur direkten Bürgerberatung.

Bei den Dienststellen der Kommission können u.a. Informationen zu laufenden Programmen, Broschüren zur Politik oder der Struktur der Europäischen Gemeinschaft oder Ansprechpartner und Referenten zu europäischen Themen bezogen bzw. angefordert werden. Bei Veranstaltungen im kulturellen Bereich werden manchmal Schirmherrschaften durch die Vertretungen übernommen oder im Rahmen des Kulturprogrammes auch mitfinanziert. Über einen eigenen Presse- und Informationsdienst werden Nachrichten aus und zu Europa weiterverbreitet.

National-, Landes- und Regionalvertretungen der Mitgliedstaaten bei der Kommission der Europäischen Gemeinschaften

Der Tätigkeit der Kommissionsdienststellen in den Mitgliedstaaten entsprechen in manchen Punkten die Aufgaben der Landes- oder sogar Regionalvertretungen der Mitgliedstaaten. Sie sollen Einfluß auf politische Entscheidungen nehmen, interessante Informationen für ihre Auftraggeber sammeln und weiterleiten sowie allgemein gesprochen „Lobbyarbeit" leisten.

Über diese Vertretungen können Ansprechpartner aus der eigenen Region/ dem eigenen Land in den Dienststellen der Kommission vermittelt werden. Dies ist insbesondere bei geplanten transnationalen Projekten, bei denen ein Zuschuß aus der europäischen Kasse erwartet wird, sehr hilfreich. Falls hier Beamte oder Mitarbeiter der Kommission gewonnen werden können, öffnen sich manche Türen leichter, Informationen können schneller und vor allem in der Muttersprache und nicht nur in Englisch oder Französisch beschafft werden.

Die National-, Landes- oder Regionalvertretungen betreiben in Brüssel auch eine entsprechende Öffentlichkeitsarbeit mit dem Ziel, den eigenen Auftraggeber in einem positiven Licht erscheinen zu lassen. Für Hinweise auf Veranstaltungen von europäischem oder transnationalem Charakter ist man daher häufig dankbar und hilft, daß diese Informationen an die entsprechenden interessierten Kreise weitergeleitet werden.

Zudem haben die National-, Landes- oder Regionalvertretungen weniger Schwierigkeiten im Umgang mit kirchlichen Verbänden und zugleich Erfahrungen, wie die Zusammenarbeit mit den europäischen Dienststellen gestaltet werden soll und wie man den richtigen Ton trifft. Diese Kompetenz sollte man unbedingt nutzen, wenn man mit den europäischen Institutionen in näheren Kontakt treten möchte.

Der Ministerrat

Der Ministerrat oder auch kurz: der Rat, ist das wichtigste Entscheidungs- und Gesetzgebungsgremium der Europäischen Union. Er setzt sich je nach zu behandelndem Thema aus den zwölf Fachministern der Union zusammen und legt die Politik der Gemeinschaft in allen Bereichen fest. Wichtige Bestimmungen müssen einstimmig getroffen werden, in der Mehrzahl der Entscheidungen gilt jedoch die einfache Mehrheit.

Der Europäische Rat

Der Europäische Rat ist die Konferenz der Staats- und Regierungschefs der zwölf Mitgliedstaaten der Europäischen Union. Er wird häufig mit dem Europarat verwechselt, der jedoch in Straßburg tagt und dem mittlerweile über 30 Mitgliedstaaten angehören.

Auf den Treffen des Europäischen Rates, die in der Regel zwei bis dreimal pro Jahr stattfinden, werden die großen politischen Leitlinien der Europäischen Union festgelegt.

Die Europaabgeordneten und das Europäische Parlament

Die derzeit 567 Abgeordneten des Europäischen Parlamentes sind als Ansprechpartner eigentlich prädestiniert, denn es sind schließlich die Vertreter ihres Betreuungsgebietes auf europäischer Ebene. Dabei stellen sie erstklassige Informationslieferanten in beide Richtungen (lokal-EG/EG-lokal) dar und verfügen über ihre Büros bzw. die Büros ihrer Fraktion sowie über Ausschüsse des Parlamentes über ein dichtmaschiges Netz von Kontakten, das in vielen Fällen sehr hilfreich sein kann. Auch wenn das sogen. „demokratische Defizit" im Entscheidungsverfahren der Europäischen Institutionen immer noch sehr stark ist, so kommt doch dem Europäischen Parlament eine steigende Bedeutung im Gesetzgebungs- und Beratungsverfahren zu. Vor allem aber durch sein Büro ist der Europaabgeordnete u.U. in der Lage, z.B.

gestellte Anträge an die entsprechenden Dienststellen weiterzuvermitteln und als Ansprechpartner für diese Dienststellen zur Verfügung zu stehen. Diese „Antragsbegleitung" kann, gerade wegen des ansonsten anonymen Antragsverfahrens bei der Kommission, von entscheidendem Vorteil gegenüber den Mitbewerbern sein.

Das Verhältnis zum Europaabgeordneten kann sich durchaus zweiseitig gestalten. Das Kolpingwerk, seine Einrichtungen und die konkrete Kolpingsfamilie vor Ort stellen immerhin potentielle Wähler dar bzw. können eine Plattform für die Präsentation der Politik des Abgeordneten bilden. So kann sich eine für beide Seiten fruchtbare Zusammenarbeit entwickeln.

Wirtschafts- und Sozialausschuß (WSA)

Der Wirtschafts- und Sozialausschuß mit Sitz in Brüssel hat eine beratende Funktion im Entscheidungsverfahren und nimmt Stellung zu den Gesetzesvorhaben der Gemeinschaften (er muß gehört werden!). Seine 189 Mitglieder repräsentieren die Vertreter verschiedener Gruppen des wirtschaftlichen und sozialen Lebens, insbesondere der Erzeuger, der Landwirte, der Verkehrsunternehmer, der Arbeitnehmer, der Kaufleute und Handwerker, der freien Berufe und der Allgemeinheit.

Auch wenn der WSA über keinen starken direkten Einfluß verfügt, so repräsentieren seine Mitglieder doch starke Verbände. Über die Stellungnahmen des WSA wird daher in Brüssel nicht ohne weiteres hinweggesehen.

Die Verknüpfung und Einführung von sozialen Fragen als Randerscheinungen des Wirtschaftslebens wird schon in der Bezeichnung Wirtschafts- und Sozialausschuß deutlich. Es fehlt bisher noch ein entsprechendes Gremium auf europäischer Ebene, das die Vielfalt des Begriffes „Soziales Leben" zum Ausdruck bringt und sich z.B. mit Fragen der Jugend, des Alters, der Kultur und des geistigen Lebens befaßt und die Politik und Entscheidungen der Kommission und des Rates in diesen Bereichen kritisch begleitet.

Es wäre eine Herausforderung, nicht nur an die katholischen Jugend-, Wohlfahrts-, und Sozialverbände sich auf europäischer Ebene zusammenzuschließen und eben ein solches Gremium im Interesse eines Europas der Bürger einzufordern.

Die Zusammenarbeit mit den europäischen Einrichtungen anhand eines praktischen Beispiels

Seit 1991 führt die Kolping Jugendberufshilfe auf Initiative der Kommission der Europäischen Gemeinschaften und in Zusammenarbeit mit dem Zentralverband des deutschen Handwerks (ZDH) und der Bundesanstalt für Arbeit (BA) sowie Partnern aus Griechenland, Portugal und Spanien ein Pilotprojekt zur Ausbildung junger Handwerker aus den südlichen Ländern der Union durch.

Ziel des Projektes ist es zu testen, inwieweit ein Ausbildungstransfer größeren Maßstabs innerhalb der EG durchgeführt und damit die Berufsausbildungsqualität europaweit verbessert werden können.

Seit 1989 fanden Vorbereitungsgespräche zwischen allen am Projekt beteiligten Organisationen statt. Zu klären war neben einer Vielzahl von inhaltlichen, organisatorischen und rechtlichen Fragen insbesondere das Problem der Finanzierung des Projektes. Hier wurde schnell ein Prinzip der Kommission deutlich: Ohne eine nationale Mitfinanzierung läuft gar nichts. Mitgliedstaaten der Gemeinschaft, die sich für eine Projektidee begeistern, müssen ihre Begeisterung auch in klingender Münze äußern.

Die Partner aus den südlichen Ländern machten deutlich, in welcher Form sie an der Verwirklichung des Projektes mitarbeiten konnten und wollten. Irland, das ursprünglich an dem Projekt beteiligt werden sollte, konnte das nicht und wurde daher nicht weiter berücksichtigt.

Bei allen Gesprächen und Verhandlungen leistete die bayerische Landesvertretung in Brüssel wertvolle Vorbereitungshilfe. Es wurden Informationen und vor allem mögliche Ansprechpartner und Experten benannt, die bei der Realisierung des Projektes behilflich sein konnten.

Ohne solche „Seilschaften", ein in diesem Zusammenhang grundsätzlich positiv zu verstehender Begriff, läuft in Brüssel oder Straßburg gar nichts.

Die Zusammenarbeit mit den Dienststellen der Kommission ist dann einfacher, als man es sich vielleicht wegen der eingangs benannten Vorbehalte vorstellt. Dank der Mehrsprachigkeit vieler Beamter und Angestellter kann man seine Anliegen fast immer in der Muttersprache diskutieren oder man findet Mitarbeiter der Kommission, die vermittelnd und übersetzend tätig werden. Die Kompromiß- und Konsensfähigkeit der Mitarbeiter ist in den langen Jahren der Vermittlung zwischen zwölf nationalen Regierungen und unterschiedlichen nationalen und regionalen Interessen hervorragend geschult worden. Die Fähigkeit, rechtzeitig einen Kompromiß zu schließen, so lange man für seine Bereitschaft noch etwas erwarten kann, sollte man in Brüssel immer zeigen. Zu eigensinniges Beharren auf dem eigenen Standpunkt stößt die Verhandlungspartner vor den Kopf und treibt einen selbst schnell in eine isolierte Situation. So hieß es auch beim Projekt immer wieder Abstriche machen, auch wenn man von der Richtigkeit der eigenen Sichtweise überzeugt war. Bei der Frage beispielsweise, wie die Teilnehmer des Projektes ausgewählt werden sollten, wurde von deutscher und Brüsseler Seite vorgeschlagen, den Auswahlvorgang in den Heimatländern mit Experten zu begleiten. Dies hätte allerdings die Partner brüskiert und so wurde der Vorschlag abgelehnt und als Kompromiß lediglich ein gemeinsames Auswahlgespräch vereinbart. Die Konsequenz war leider, daß ein Teil der Teilnehmer nicht die erwarteten Qualifikationen besaß.

2.3.2 Die Mitwirkung des Kolpingwerkes im Europarat

Anton Salesny

20 Jahre Mitarbeit - 20 Jahre NGO

Das Kolpingwerk war immer schon auf Internationalität ausgerichtet. In diesem Sinne konnte am 10. Mai 1993 beim Festakt „20 Jahre NGO - 15. Europaseminar am Sitz des Europarates" im Palais des l'Europe in Strasbourg der Vorsitzende des Ministerkomitees des Europarates und österreichische Außenminister Dr. Alois Mock in seinem Grußwort mit Recht festhalten: „Das Kolpingwerk war bereits in seinen Anfängen auf die Ausbreitung in viele Länder angelegt. Schon zu Lebzeiten Kolpings - also vor über 140 Jahren - hat sich sein Werk beinahe im ganzen europäischen Raum ausgedehnt. Durch gegenseitige HIlfe und durch den Geist der Brüderlichkeit über Grenzen hinweg wurde es zu einem Instrument des Friedens und der Völkerverständigung, wobei in den Kolpinghäusern - welche den jungen Menschen durch die Gewährung einer familiären Unterkunft das 'Vaterhaus in der Fremde' wurden - sehr oft ein Europa im kleinen entstand".

Bei diesem Festakt, welcher unter dem Ehrenschutz des Präsidenten der Parlamentarischen Versammlung Miguel Angel Martinez und in Anwesenheit der Generalsekretärin des Europarates Catherine Lalumiere und weiterer 80 Ehrengäste stattfand, sagte u. a. der Vizepräsident der Versammlung Senator Pierre Wintgens: „Seit 15 Jahren führen Sie hier im Palais Europaseminare durch, welche von der hohen Qualität und Intensität Ihrer europäischen Arbeit zeugen. Sie haben in diesen Seminaren über 750 Multiplikatoren für Ihre europäische Bildungsarbeit mit den Ideen des Europarates vertraut gemacht. Für diesen Dienst an der Europaidee und für Ihre hervorragende Mitarbeit als NGO in den letzten 20 Jahren hat der Europarat dem Internationalen Kolpingwerk zu danken."

Teilwiedergabe des Dokuments, mit welchem dem Internat. Kolpingwerk am 11. März 1974 vom Ministerkomitee des Europarates der Konsultativstatus verliehen wurde:

"Strasbourg, 20 March 1974 restricted
CM (74) 65

CONSULTATIVE STATUS
Secretariat memorandum
prepared by the Directorate of Political Affairs
1. In accordance with Resolution (72) 35 of the Committee of Ministers on relations between the Council of Europe and international non-governmental organisations, the Secretary General notified the Committee of Ministers and the Consultative Assembly of his proposals regarding additions which he was considering making to the list of organisations enjoying consultative status ohn 11 September 1973 (CM (73) 170 and Doc. 3324).
2. In the absence of objections as described in paragraph 10 of Resolution (72) 35, the Secretary General's proposals were to be deemed to be decisions of the Committee of Ministers on expiry of a period of 6 months from the date of that notification.
3. In accordance with paragraph 9 of Resolution (72) 35, the 23 international non-governmental organisations listed below enjoy consultative status with the Council of Europe as from 11 March 1974:
1. International Council of Graphic Design Associations (ICOCRADA)
2. European Funeral Directors Association
3. International Federation of Landscape Architects
4. The International Kolping Society (Kolpingwerk)
5. International Federation of Newspaper Publishers
6. Association of European Hotel School Directors
7., International Legaue of Societies for the Mentally Handicapped
8. International Society for the Protection of Animals
9. Liberal International (World Liberal Union)"

Übersetzung des Briefes von Dr. Franz Karasek:
"Strasbourg, den 21. September 1984
Bedingt durch die Konzeption Ihres Gründers Adolf Kolping sind die Internationalität und das völkerverbindende Engagement seit mehr als 100 Jahren ein tragendes Element Ihres Werkes.

Seit 11. März 1974 besitzt das Internationale Kolpingwerk den „Beobachterstatus beim Europarat" und hat in diesen letzten 10 Jahren durch seine Bemühungen im Rahmen des Europarates einen Beitrag für den Integrationsprozeß Europas geleistet.

Wie wir den Berichten Ihres Beobachters beim Europarat, Herrn Anton Salesny, entnehmen konnten, hat Ihre Organisation in einer Vielzahl von Publikationen, Dokumentationen, Arbeitshilfen, Beiträgen in den nationalen Kolpingblättern und durch eine große Anzahl von Bildungsveranstaltungen das Anliegen der Einigung Europas einer größeren Öffentlichkeit verständlich gemacht. Ich selber konnte mich im Rahmen Ihrer Europaseminare am Sitz des Europarates von der Qualität und der Intensität Ihrer europäischen Arbeit überzeugen.

Für dieses umfassende europäische Engagement in den letzten 10 Jahren spreche ich als Generalsekretär des Europarates den verantwortlichen Führungskräften des Internationalen Kolpingwerkes D a n k und A n e r k e n n u n g aus.

Dr. Franz Karasek"

An dieser Stelle sei erwähnt, daß für die Entstehung des Europarates, dem ersten und umfassendsten Zusammenschluß europäischer Staaten, der 19. September 1946 von entscheidender Bedeutung war, da an diesem Tag der englische Premierminister Winston Churchill in seiner berühmt gewordenen Rede vor der Jugend in Zürich die Errichtung eines Europarates forderte, und daß es 2 Wochen vor diesem historischen Datum, also am 7. und 8. September 1946, ebenfalls in der Stadt Zürich erste Ansätze für die Reaktivierung der Zusammenarbeit des Kolpingwerkes in Europa gab.

Die europäische Verankerung

Der Europagedanke hatte im Kolpingwerk immer Heimatrecht, jedoch erste Schritte für eine europäische Einbindung des Kolpingwerkes vollzogen sich erst im Jahre 1966 mit der Erlangung des Beobachterstatus bei CENYC (Council of European National Youth Commitees / Europäischer Jugendrat), dem Zusammenschluß der nationalen Jugendringe in Europa.

Eine Vielzahl von europäischen Aktivitäten in den Kolpingsfamilien, den Diözesanverbänden, den Landesverbänden und im Internationalen Kolpingwerk zeugten davon, daß die Europaidee im Kolpingwerk lebte. Es war daher die logische Konsequenz, daß sich das Internationale Kolpingwerk beim Europarat um den Konsultativstatus bewarb.

Nach langjährigen Bemühungen und einer umfangreichen Überprüfung der europäischen Aktivitäten durch das Generalsekretariat des Europarates und durch die Mitgliedsstaaten des Europarates wurde dem Internationalen Kolpingwerk mit Beschluß des Ministerkomitees des Europarates am 11. März 1974 der KONSULTATIV-STATUS (siehe Auszug aus dem Dokument des Ministerkomitees vom 20. März 1974) zuerkannt.

Dieser Akt bedeutet für das Internationale Kolpingwerk, daß es im Rahmen der NGO (non-gouverment organisations) zum Völkerrechtssubjekt geworden ist und somit auf die Politik des Europarates und auf die europäische Integration direkt Einfluß nehmen kann. Mit dem Konsultativstatuts hat das Kolpingwerk den Zugang zu allen Dokumenten und Protokollen, die beim Europarat beraten werden, und zu allen politisch handelnden Personen bzw. Organen.

Gemäß der Organisationsstruktur des Europarates sind dies:

1. das Ministerkomitee mit den einzelnen Außenministern der gegenwärtig 32 Mitgliedsstaaten bzw. deren Vertretern (Botschaftern),
2. die Parlamentarische Versammlung mit ihrem Präsidenten, ihren 234 Abgeordneten aus 32 nationalen Parlamenten, ihren Ausschüssen und ihren parteipolitischen Gruppierungen,

3. das Generalsekretariat mit der Generalsekretärin, den Direktoren, den leitenden Beamten und den Arbeitsgruppen.

Um die Einflußmöglichkeit einer NGO besser darstellen zu können, sei der Europarat in Kurzform vorgestellt:

Der Europarat / Gründung und Ziele
Der Europarat wurde am 5. Mai 1949 gegründet. Deshalb wird der 5. Mai alljährlich als EUROPATAG begangen. Der Europarat ist eine internationale Organisation, in der die demokratischen Staaten Europas zusammengeschlossen sind. Gegenwärtig gehören dem Europarat 32 Staaten an, darunter auch die 12 Mitgliedsstaaten der Europäischen Union (EU). Sein Sitz ist das Palais de l'Europe in Strasbourg/Frankreich (F-6075 Strasbourg-Cedex, B.P. 431 R6, Avenue de l'-Europe, Telefon: 0033/88/412000).

Seine Ziele sind eine engere Verbindung der europäischen Staaten, der Schutz von Demokratie und Menschenrechten und die Verbesserung der Lebensbedingungen. In diesem Sinne fördert und organisiert der Europarat auf zahlreichen Gebieten eine Zusammenarbeit zwischen den europäischen Regierungen und auf parlamentarischer Ebene. Als Hauptgebiete sind folgende Bereiche zu nennen: die Menschenrechte, Kultur, das Erziehungswesen, der Umwelt- und Denkmalschutz, die Raumplanung, Sport, Jugendfragen, das Recht und Sozialfragen.

Ministerkomitee
Es ist das Entscheidungsorgan des Europarates und setzt sich aus den 32 Außenministern der Mitgliedsstaaten zusammen, welche reihum den Vorsitz übernehmen. Das Ministerkomitee tritt zweimal im Jahr, die ständigen Vertreter der Minister (Botschafter) treten einmal im Monat in Strasbourg zusammen. Das Ministerkomitee beschließt über die Politik, das Arbeitsprogramm und über den Haushalt des Europarates. Außerdem entschei-

det es über die Empfehlungen der Parlamentarischen Versammlung sowie über die Vorschläge der Ausschüsse von Regierungssachverständigen. Es empfiehlt den Mitgliedsstaaten gemeinsame Maßnahmen und billigt die Europäischen Konventionen und Abkommen, die dann für die Staaten, die sie ratifizieren, Geltung erlangen.

Parlamentarische Versammlung

Sie ist das beratende Organ des Europarates und setzt sich aus 234 Abgeordneten und weiteren 234 Ersatzabgeordneten zusammen, die von den nationalen Parlamenten entsandt werden. Die Parlamentarische Versammlung tagt viermal jährlich in Strasbourg. Sie wählt ihren Präsidenten für die Dauer eines Jahres, wobei eine Wiederwahl möglich ist.

Ihre Empfehlungen werden von Ausschüssen ausgearbeitet, in öffentlicher Sitzung beschlossen und an das Ministerkomitee gerichtet. Ihre Debatten betreffen allgemeine politische Fragen und sämtliche europäische Anliegen mit Ausnahme von Fragen der nationalen Verteidigung.

Generalsekretariat

An der Spitze steht gegenwärtig die Generalsekretärin Chatherine Lalumiere. Das Generalsekretariat unterstützt das Ministerkomitee, die Parlamentarische Versammlung und die Konferenzen von Fachministern (z. B. für Justiz, Kultur, Sozialfragen, Umwelt usw.).

Bildungsarbeit im Rahmen des Europarates

Neben der Einflußmöglichkeit auf die oben genannten Organe des Europarates hat das Internationale Kolpingwerk - als einzige NGO-Organisation - seit 16 Jahren die Möglichkeit, während der Frühjahrs-Session, Europaseminare im Palais de l'Europe durchzuführen. Zur Darstellung dieser europäischen Aktivität des Kolpingwerkes sei auf das Kapitel „Die Europaseminare am Sitz des Europarates in Straßbourg" verwiesen.

3. Europa bedeutet auch Aufgabe und Zukunft

3.1 Europäische Aufgaben von und für Kirche

Hans Langendörfer

Die katholische Kirche befindet sich inmitten eines Prozesses der Unterscheidung, welche geistlichen und sozialen Aufgaben für sie aus der radikal neuen Situation in Europa erwachsen. Einen wichtigen Impuls hat die Sonderversammlung der Bischofssynode über Europa gegeben, zu der Papst Johannes Paul II. Ende 1991 Bischöfe aus ganz Europa nach Rom einlud. Der Titel der Schlußerklärung ist signifikativ und trägt programmatischen Charakter: „Damit wir Zeugen Christi sind, der uns befreit hat". Daß es durch Jesus Christus jedem Menschen möglich wurde, im gläubigen Vertrauen auf Gott vollendete Freiheit zu finden, und daß im Zentrum des sozialen Dienstes der Kirche die Forderung von Strukturen der Freiheit steht, ist unbestritten. Doch verlangt es viel Kraft, die richten Wege zu finden, um das für die Gegenwart typische - im politischen Bereich sogar revolutionäre - Streben nach Freiheit zu unterstützen und angesichts von Fehlentwicklungen Korrekturen anzumahnen.

Dieser Klärungsprozeß wird auf mehreren Ebenen vollzogen. Auf bischöflicher Ebene hat sich der europaweite Zusammenschluß der Bischofskonferenzen - der sogenannte „Rat der Europäischen Bischofskonferenzen"(CCEE) - unterdessen neu organisiert und unter Beteiligung der Kirche im Baltikum, in Ostmitteleuropa, Osteuropa und Südosteuropa neue Ziele festgesetzt. Parallel dazu begann eine Phase verstärkter Zusammenarbeit der Bischofskonferenzen der Mitgliedsstaaten der Europäischen Union. Die Union ist ja mit dem Vertrag von Maastricht in eine neue Entwicklungsphase eingetreten, in der es immer mehr um die Integration nicht nur der Volkswirtschaften, sondern auch wichtiger anderer Politikbereiche geht. Dieser Profilzuwachs verlangt von der Kirche, daß sie ihre Stimme auch gegenüber der Union als Staatenverbund vermehrt zur Geltung bringt.

Andererseits hat sich der Prozeß der Klärung europäischer Herausforderungen sehr dezentral und vielgestaltig in den Gemeinden und Bistümern, den kirchlichen Verbänden und Organisationen vollzogen. Formen und Inhalte des europäischen Aufbruchs der Kirche sind ja so verschieden wie die Situation der Kirche verschieden ist, je nachdem ob man in Lemberg, Athen, Lissabon, Paris, Berlin, Dublin oder Helsinki lebt.

Doch zeigen sich in der Vielheit der konkreten Erfordernisse Elemente der Gemeinsamkeit. Drei von ihnen sind besonders klar zu erkennen.

1. Die geistliche Erneuerung

Im Mittelpunkt kirchlichen Lebens stehen zu allen Zeiten die Weckung, Stärkung, Verkündigung und Feier des Glaubens. Das gilt auch heute und in der Gegenwart Europas. Daraus erwächst der Kirche die Notwendigkeit geistlicher Erneuerung: Mit Sensibilität und Unterscheidungskraft muß sie die Wege und Formen entdecken, wie Gottes befreiende Liebe zu den Menschen unter den kulturellen und sozialen Gegenwartsbedingungen zu Gehör gebracht und in Liturgie und Glaubenspraxis beantwortet werden kann. In den westlich geprägten Ländern Europas - die Gefahr laufen, im Zuge immer größerer Mobilität und Flexibilität auch immer oberflächlicher zu werden oder sogar die gesellschaftlich-kulturellen Voraussetzungen ihrer eigenen Zukunft zu untergraben - sieht die Verkündigung des Evangeliums anders aus als in den bislang unfreien Ländern, wo die Kirche erst jetzt aus ihrem Katakombendasein befreit wurde und vor einem fast erdrückenden Paket von Aufgaben steht. Diese reichen bisweilen von erst heute möglicher Rezeption der Grundoptionen des Zweiten Vatikanischen Konzils bis hin zum fast vollständigen Neuaufbau pastoraler Strukturen.

Oft wird dieser Versuch der Kirche, sich im eigenen Inneren zu erneuern und nach außen Strahlkraft neu zu gewinnen, als „neue Evangelisierung" bezeichnet. Dies hat Anlaß zum Mißverständnis gegeben, die katholische Kirche wolle Europa neu „erobern" oder gar „rekatholisieren". Doch kann davon nicht die Rede sein. In den Worten der Bischofssynode: „Die Neu-Evangelisierung ist kein Programm zu einer sogenannten 'Restauration' einer vergangenen Zeit Europas, sondern sie verhilft dazu, die eigenen christlichen Wurzeln zu entdecken und eine tiefere Zivilisation zu begründen, die zugleich christlicher und so auch menschlich reifer ist." So ist die Evangelisierung nichts anderes als die zeitgemäße Erneuerung der Kirche und ihres Glaubenszeugnisses.

2. Ökumenische Erneuerung

Der radikale Wandel der Situation Europas hat leider sehr rasch eine merkliche Abkühlung des ökumenischen Klimas zur Folge gehabt. Dies betrifft in erster Linie den osteuropäischen Raum, wo geschichtlich bedingte Spannungen zwischen den christlichen Kirchen neu aufbrechen. Ein Beispiel ist das Verhältnis zwischen der katholischen Kirche in Kroatien und der serbisch-orthodoxen Kirche, das historisch sehr belastet ist und nun - darum haben sich während der letzten Jahre beide Kirchenleitungen sehr bemüht - die politischen Widersprüche nicht zusätzlich anheizen darf. Oft hat die Wiederherstellung der katholischen Kirche des byzantinischen Ritus - der sog. unierten Kirche, die der Jurisdiktion des Papstes untersteht und in kommunistischer Zeit verboten war - zu erbitterten Kontroversen mit der orthodoxen Kirche geführt, wie überhaupt der pastorale Neuaufbruch der katholischen Kirche in den Ländern Osteuropas oft als Bedrohung und Fremdeinwirkung angesehen wird. Die Kirchen der Reformation spüren ihrerseits manchen ökumenischen Gegenwind.

Es scheint, daß sich die Friedensfähigkeit der Kirchen Europas in den nächsten Jahren besonders daran entscheiden wird, wie sie in Osteuropa ein vertrauensvolles

Verhältnis der Geschwisterlichkeit entwickeln können. Insofern ist es richtig, daß die katholische Kirche - kürzlich vor die Frage gestellt, ob sie gemeinsam mit den nichtkatholischen Kirchen Europas zum Thema „Versöhnung" nochmals wie 1989 in Basel eine große Europäische Ökumenische Versammlung abhalten soll - den Vorschlag machte, während der nächsten Jahre zunächst auf regionaler und nationaler Ebene ökumenisch-gemeinsame Schritte der Versöhnung zu gehen. Erst wenn dieser Anfang gemacht ist, kann ein gesamteuropäisches Treffen ehrlich und aussagestark gemacht werden.

3. Sozialer und politischer Dienst

Die Kirche wird natürlich am Bemühen, aus dem Glauben an die befreiende Liebe Gottes Konsequenzen für das Engagement im sozialen und politischen Bereich zu ziehen, nicht nur festhalten, sondern ihre Anstrengungen noch verstärken müssen. Dabei genießen die Dienste, die die Menschen unmittelbar betreffen, naturgemäß Priorität. Das umfaßt die direkt caritative Hilfe, aber auch z. B. Erziehungs-, Jugend- und Familienarbeit. Den Erfahrungen der katholischen Verbände in Deutschland fällt dabei eine besondere Bedeutung zu: In einem Land, das traditionell dem Prinzip der Subsidiarität hohen Stellenwert beimißt und die freien gesellschaftlichen Kräfte stärken will, gibt es ein Erfahrungspotential, das gerade in Osteuropa, wo der Aufbau einer freien, nicht staatlich bevormundeten „Zivilgesellschaft" erst begonnen hat, manche fruchtbaren Anregungen geben könnte. Deshalb hat sich „RENOVABIS" als kirchliche Hilfsaktion für Osteuropa bewußt dem Konzept der Partnerschaftsarbeit verschrieben, d. h. der Kooperation mit Verbänden und Initiativen, die von Deutschland aus in Mittel- und Osteuropa unterstützend tätig sind.

Der politische Raum ist für die Kirche einerseits im Rahmen des Europarates und der KSZE eine Herausforderung. Der Heilige Stuhl hat sich von Anfang an im Bereich der sog. menschlichen Dimension der KSZE - also der Gewährleistung der Menschenrechte, Rechtsstaatlichkeit und Demokratie - besonders engagiert. Entsprechende Schwerpunkte hat er im Europarat gesetzt, wo der Heilige Stuhl als Ständiger Beobachter einen eigenen Status genießt. Dieses Engagement ist von unverminderter Aktualität und wird künftig unter Einbezug des Rates der Europäischen Bischofskonferenzen gewiß noch verstärkt.

Am meisten verlangt die Europäische Union die Aufmerksamkeit der Kirche. Die Union hat mit Maastricht. neue Aufgaben übernommen, vor allem im Bereich der Außen- und Sicherheitspolitik sowie der Rechts- und Innenpolitik. So gewinnt sie mehr und mehr das Profil eines Staatenverbundes, der dem umfassenden Gemeinwohl seiner Mitglieder dient. Das ist der Zeitpunkt, wo die Kirche die kritische Begleitung der EU-Politik intensivieren sollte. Denn seit jeher hat sie ihre sozialen Anliegen auch dadurch verfolgt, daß sie im Geist ihrer Sozialverkündigung politisch-perspektivische und ordnungspolitische Anregungen gab. In der unmittelbaren Zukunft werden z. B. die verfassungsrechtliche Entwicklung in der Union, die Neubestimmung ihrer Sozialpolitik und die Harmonisierung der Migrations- und Asylpolitik Schwerpunkte kirchlicher Aufmerksamkeit sein. Daneben verlangt die Anwendung des Subsidiaritätsprinzips - bislang fällt sie recht halbherzig aus - das Engagement der Kirche. In diesen Punkten ist eine ökumenische Zusammenarbeit konkret in Brüssel teils bereits üblich, teils gut vorstellbar.

Darüber hinaus ist die Kirche gefordert, die gesamteuropäische und weltweite Verantwortungsgemeinschaft zu verdeutlichen, in der alle Staaten gemeinsam stehen. Für die Europäische Union bedeutet dies z. B. die rasche Heranführung und Mitgliedschaft ostmitteleuropäischer Staaten in der Union, im Blick auf die armen Länder der Welt sind wirtschaftliche und politische Beziehungen nötig, die diesen Ländern mehr Gerechtigkeit zukommen lassen als bislang.

Natürlich könnte diesen drei Schwerpunktaufgaben noch vieles hinzugefügt werden. Europa soll eine Zukunft in Frieden haben und ist von dieser Zukunft weit entfernt. Das Ziel, dem sich die Völker Europas neu verschrieben haben, deckt sich mit den tiefsten Überzeugungen der Christen, die glauben, daß Gott ein Zusammenleben in Freiheit, Gerechtigkeit und Frieden will - und gerade deshalb nicht davon ablassen werden, überall dort gegenzusteuern, wo Frieden und Freiheit falsch verstanden werden und im Widerspruch zum Vorbild Jesu dem Wohl der Menschen letztlich zuwiderlaufen. Hier öffnet sich ein weiter Raum für kirchliche Beiträge zum geistigen und kulturellen Ringen in der europäischen Gegenwart. Ihr Zentrum werden sie immer wieder im Bemühen finden, den Geist des Herstellens nicht - die instrumentelle Vernunft - absolut zu setzen, sondern auch dem Geist der Achtung und Anerkennung des anderen und der Schöpfung den nötigen Raum zu geben.

Vor allem aber wird die Verlebendigung des Glaubens in Europa - für die Kirche der wichtigste Beitrag zur europäischen Zukunft - auch dazu führen müssen, daß sie in den Menschen und Gesellschaften Mut, Geduld und Bereitschaft weckt, trotz vieler Rückschläge oder Widerstände immer neu anzufangen. Die Vollendung, so glauben Christen, wird das Werk Gottes sein, für das er Sorge trägt; was zählt ist der Weg zu Freiheit und Frieden: Gott selbst wird ihm sein Ziel geben.

3.2 Europa als Aufgabe für die Politik

Gerd Ritzerfeld

Vorbemerkung

Wer Politik für Europa machen will, muß sagen für welches Europa. Meinen wir mit Europa evtl. nur die EG, Westeuropa oder doch nach dem semitischen Wort für Abend (1) das Land, wo die Sonne untergeht und aus der Sicht des alten Orients keine Kultur war? In diesem Abendland, das sein Selbstverständnis aus dem Denken als Christenheit schöpft, also die Wertewelt, das gemeinsame kulturelle Erbe der auf dem Kontinent zusammenlebenden Völker. Keiner hat das wohl für viele westliche Bürger überraschender formuliert als Gorbatschow: „Von Zeit zu Zeit setzen (einige Leute in Westeuropa) wie aus Versehen 'Europa' mit 'Westeuropa' gleich ... Wir sind Europäer. Das alte Rußland war durch das Christentum mit Europa verbunden... Die Geschichte Rußlands ist ein elementarer Bestandteil der großen Geschichte Europas." (2)

Eine Politik für Europa muß also auf das ganze Europa gerichtet sein, will sich Europa nicht selbst verleugnen.

Europas Vielfalt

Europa ist nicht die Vielfalt der Nationen, sondern der Volks- und Sprachgruppen. Etwa 67 Sprachen weisen die Handbücher (3) für das Europa bis zum Ural aus und 41 Minderheiten allein in Westeuropa. Der Adel (4), monarchisch-dynastische (5) Kräfte haben diese Vielfalt in größere Einheiten zu Schicksalsgemeinschaften zusammengeführt. Diese größeren Einheiten wurden in Westeuropa durch ein sich ausbildendes und sie gegeneinander abgrenzendes Wir-Gefühl (6) zu einer wesentlichen Voraussetzung für das Entstehen von Nationalstaaten. Rousseaus Verknüpfung von Volkswille und Staatssouveränität ebnet nach vielen dramatischen Ereignissen dann letztlich den Weg, der im demokratischen Nationalstaat mündet.

Weshalb dieser Hinweis auf die Geschichte? Weil die Väter des EG-Europa und auch viele heutigen Europapolitiker meinten und meinen, sie könnten eine politische Einheit Europas nur durch die Zusammenführung der in den letzten Jahrhunderten gewachsenen Nationalstaaten formen. Damit wird aber schlicht die Realität der europäischem Geschichte übersehen.

Vielfalt charakterisiert Europas Wirklichkeit. Sie ist seine Stärke und Schwäche. Seine Stärke, weil der geistig-kulturelle Dialog der Völker einen fruchtbringenden kulturellen Prozeß fördert, seine Schwäche, weil die Vielfalt der Völker noch über die nationalen Egoismen hinaus nach Eigenständigkeit, oft nach Macht, immer aber nach Bewahrung ihrer kulturellen Identität in einer politischen Einheit Europas drängt. Hendrik Brugmans umreißt treffend: „... daß der im Römischen Vertrag vernachlässigte Regionalismus nicht nur wirtschaftliche, sondern auch kulturelle, ethnische und sprachliche Aspekte annehmen kann. Auch hier begegnen wir einem Phänomen, dessen Aktualität sich zunehmend und leider oft in mörderischer Weise manifestiert." (7) Jugoslawien, Georgien, das Baskenland etc. sind der Beweis dafür. Belgien ist ein interessantes Beispiel für ein lange währendes (hoffentlich gelingendes) Ringen von Minderheiten um politische Einheit unter Wahrung der eigenen Identität.

Die Regionen im Aufbruch, so könnte man eine Entwicklung der letzten 5 Jahre bezeichnen. Sie verlangen eine Mitsprache bei der Ausgestaltung der Europäischen Union, die ihnen die Wahrung ihrer Identität in der Union garantiert. Seinen vorläufigen positiven Abschluß fand dieses Streben der Regionen nach politischer Mitwirkung im Vertrag von Maastricht. Wichtigste Ergebnisse sind die Errichtung eines Ausschusses der Regionen (§ 198 a) und die Verankerung des Subsidiaritätsprinzips (§ 3 b) (10). Damit wurde die Mitsprache der Regionen, der Vielfalt Europas beim europäischen Entwicklungsprozeß festgeschrieben.

Dieser Prozeß betrifft noch nur die westeuropäischen Staaten. Die größere Herausforderung für die Politiker wird sich aber bei einer Erweiterung der heutigen westeuropäischen Integration der Industrieländer auf Gesamteuropa ergeben. Diese Länder wollen sicher nicht Zuschauer des Werdens eines vereinigten, wirtschaftlich erstarkenden Westeuropa bleiben, sie werden diese Entwicklung für ganz Europa einfordern.

Eine Verfassung für die Union

Bei dem schon viele Jahre dauernden Bemühen um eine Unionsverfassung zeichnen sich besonders zwei Problembereiche ab: Wie soll eine zukünftige Verfassung ausgestaltet sein (Staatenbund, Bundesstaat etc.) und ist eine solche Verfassung in der Lage, die Kompetenzen in allen Politikbereichen so zu verteilen und zu ordnen, daß die bisherigen Nationalstaaten, die Regionen, das europäische Parlament und eine Regierung der Union in einem harmonischen Miteinander Politik betreiben können? In einer Ende 1992 durchgeführten Fachtagung (8) wurde herausgestellt, die Fixierung auf eine Staatlichkeit im traditionellen Sinne reiche nicht aus. Die bisher im Völkerrecht entwickelte Unterscheidung zwischen Staatenbund und Bundesstaat sei zwar hilfreich, stoße jedoch bei der Frage nach der Souveränität zwischen Bund und Gliedstaaten an ihre Grenzen. Eine Schwierigkeit sah man bereits in der Verwendung bestimmter Begriffe wie Föderalstaat, Staatenbund, Gemeinschaft etc., mit denen jeweils unterschiedliche Inhalte verbunden würden. Einig war man sich aber darin, die föderale Gesinnung der Unionsmitglieder habe durch das mit dem Vertrag von Maastricht eingeführte Subsidiaritätsprinzip und die Bestimmung über den Ausschuß der Regionen eine Stärkung erfahren. Damit sei Maastricht zwar noch nicht der qualitative Sprung hin zum europäischen Bundesstaat, aber doch eine „behutsame Fortentwicklung und Vertiefung aller wesentlichen Bereiche des bisherigen Einigungswerkes".

Die Fachtagung warf allerdings mehr Fragen auf als sie Antworten in Bezug auf eine Unionsverfassung geben konnte. Die Weiterführung des Einigungsprozesses wird sich in Schritten pragmatischer Politik vollziehen. Erst

eine konkrete und erprobte Zusammenarbeit in vielen
Politikbereichen wird überzeugende Ansätze bieten, diese Politik in der Form einer Verfassung niederzulegen.

Die Rechte des Parlamentes

Den Bürger interessieren besonders die Rechte des
von ihm gewählten Parlamentes. Wolfgang Wessels (9)
schreibt hierzu, es habe mit dem Vertrag von Maastricht
wie schon mit der Einheitlichen Europäischen Akte eine
Erweiterung der Kompetenzen des Parlamentes gegeben, so u. a. sein Mitgestaltungsrecht bei Beitritts- und
Assoziierungsverträgen, bei der Schaffung neuer Struk-
turfonds und beim Abschluß wichtiger Abkommen mit
Drittstaaten. Ferner verfüge das Parlament nun mit abso-
luter Mehrheit über ein indirektes Initiativrecht und eine
Mitwirkung bei der Einsetzung der Kommission. Trotz-
dem stellt der Autor mit aller Deutlichkeit fest: „Die politischen Realitäten der letzen 20 Jahre lassen erkennen,
daß die Staats- und Regierungschefs immer wieder die
eigentlichen De-facto-Entscheidungsträger für alle vitalen
Interessen sind."

Hier zeigt sich, wie bei der Diskussion um eine Verfassung, wo die Nationalstaaten auf Rechte verzichten sollen, wo es um den Aufbau einer übernationalen politischen Struktur geht - was gleichzeitig immer mit einer
Neuorientierung nationaler politischer Strukturen und
Kompetenzen verbunden ist - sind die nationalstaatlichen
Entscheidungsträger nur sehr bedingt bereit, zugunsten
der europäischen politischen Entwicklung auf Rechte zu
verzichten. Die Weiterentwicklung wird sich auch hier
über Formen einer „notwendigen Zusammenarbeit in verschiedenen Politikbereichen ergeben. Der Weg ist zwar
mühsam, muß aber konsequent weiter verfolgt werden.

Schicksalsgemeinschaft Europa

Die Vielheit der Völker und Kulturen des Kontinents
verteidigte als Schicksalsgemeinschaft ihre Wertewelt in
den Abwehrschlachten des Mittelalters. Es war der
Beginn des gemeinsamen Denkens als Europäer. Trotz

aller monarchisch-dynastischer und nationalstaatlicher Sonderwege in den kommenden Jahrhunderten blieb dieses Denken als Europäer erhalten. Mit dem Ende des Ersten besonders aber des Zweiten Weltkrieges wurde den Westeuropäern bewußt, in der sich wandelnden Welt ist ein Überleben in den bisherigen politischen Strukturen nicht mehr möglich. So war es nur folgerichtig, in einer Vereinigung westeuropäischer Staaten die größere Überlebenseinheit zu sehen und sie politisch anzustreben. Es gab zahlreiche Ansatzpunkte für diese auf ein einiges Europa hinzielende Politik:

• der gemeinsame äußere Feind, der Kommunismus, gegen dessen Herrschaftsanspruch es die westliche (christliche) Wertewelt und demokratische Lebensform zu verteidigen galt;

• der Wunsch nach Frieden und Sicherheit. Was den einzelnen Nationalstaaten nicht gelungen war, sollte ein vereinigtes Europa leisten;

• die Entwicklung einer gemeinsamen Strategie wirtschaftlichen Überlebens, verbunden mit der Hoffnung auf allgemeinen Wohlstand;

• die Entfaltung einer neuen, gemeinsamen Machtgröße, die zwischen den Weltmächten USA und UdSSR Bestand haben konnte.

Europa, reduziert auf westliche Industriestaaten, wurde sich erneut aufgrund einer schicksalhaften „Notwendigkeit seiner „Einheit" bewußt. Nur ein gemeinsames politisches Wollen würde es befähigen, seine geistig-kulturelle Identität zu erhalten und sein wirtschaftliches Überleben zu sichern.

Der Weg für eine europäisch orientierte Politik war und ist damit vorgezeichnet. Er muß über eine gemeinsame Außen- und Sicherheitspolitik, eine gemeinsame Wirtschafts-, Forschungs- und Sozialpolitik etc. hin zu einem politischen Verbund führen. Mag der Weg auch noch so beschwerlich sein, es gibt keine Alternative.

Mit dem Zerfall des Sowjetstaates und der Auflösung des „einigenden" Feindbildes Kommunismus ist eine neue politische Situation entstanden. Einmal ließ der Wegfall des gemeinsamen Feindbildes wieder häufiger nationale Egoismen bei wichtigen Überlebenspolitiken hervortreten, zum anderen aber sehen sich die Europapolitiker zur Beantwortung der Frage herausgefordert, wer gehört denn in das „Europäische Haus"? Es ist nicht zu übersehen, die bisherige Europapolitik zielt wesentlich auf Westeuropa, nicht auf die Schicksalsgemeinschaft, die Gorbatschow beschwor. Muß sich nun die Europapolitik neu orientieren? Eine solche Neuorientierung könnte zu einer existentiellen Frage für die westeuropäische Union werden, gelingt es nicht, auf welche Weise auch immer, ganz Europa in die existenzbestimmende wirtschaftliche und politische Entwicklung Westeuropas mit einzubeziehen. Es zeichnet sich eine Herausforderung an die Europapolitik ab, deren Tragweite wir wohl kaum hoch genug einschätzen können.

Binnenmarkt und soziales Europa

Die Römischen Verträge von 1957 regelten hauptsächlich ökonomische und institutionelle Fragen. Die aufgrund der bevorstehenden Umwälzungen den Bürger existentiell und im sozialen Bereich berührenden Probleme wurden dagegen nur sehr allgemein angesprochen. Der Vertrag kommt über bescheidene Hinweise (z. B. Abstimmung der Sozialordnungen, Zusammenarbeit in sozialen Fragen, gleiche Bezahlung für Männer und Frauen) nicht hinaus. Es dauerte dann 30 Jahre, bis die Regierungschefs der Länder der Gemeinschaft eine „Gemeinschaftscharta der sozialen Grundrechte der Arbeitnehmer" verabschieden und die Kommission ein Aktionsprogramm zu ihrer Umsetzung verspricht. Die entsprechenden Paragraphen im Vertrag von Maastricht wurden erheblich erweitert.

Wenn sich nun auch in der Folgezeit die Gemeinschaft, die Gewerkschaften, Kammern usw. intensiver mit der Ausgestaltung des Sozialraumes Europa und sozialpolitischen Fragen befassen, so bleibt doch ein die Arbeitnehmer und ihre Familien sehr berührender Fragenkomplex gänzlich unberührt: Welche Konsequenzen ergeben sich für die Arbeitnehmer und ihre Familien aus

der mit dem neuen Europa, mit den industriellen Umwälzungen etc. geforderten beruflichen und regionalen
Mobilität? Was bedeutet evtl. der Verlust von Nachbar-
schaft, des Freundeskreises, das Verlassen des Eigen-
heimes? Wird Europa von vielen vielleicht zwiespältig
erlebt, weil eine geforderte Mobilität den Verlust festge-
fügter, den einzelnen mittragender Ordnungen beinhal-
tet? Die Eingebundenheit in ein Milieu, in die Erlebnis-
und Erfahrungswelt einer näheren Heimat bestimmen
entscheidend die Selbstbefindlichkeit der Menschen.
(11)
    Niemand hat die Arbeitnehmer und ihre Familien auf
diese sie frontal und existentiell treffende Entwicklung
vorbereitet. Vielleicht gehört die Beantwortung der anstehenden Fragen nicht in ein Gesetz, aber sie muß Teil
einer Gesamtplanung der Ausgestaltung Europas sein.
Politik für Europa ist eine Politik für die Menschen in
Europa. Bei aller „Not"- wendigkeit einer an ökonomischen Problemen orientierten Politik dürfen Menschen
nicht zu Schachfiguren werden, auch wenn ein wirtschaftlich gesundes Europa eine Existenzbedingung für die
Menschen ist.

Europa als Aufgabe für die Politik
    Der Gedankenkreis kann nur eine unvollständige Skiz-
ze sein, die bestimmte Aspekte einer Politik für Europa
herausstellt. Unberücksichtigt bleiben mußte z. B. das
fruchtbare, aber nicht so offensichtliche Wirken des Europarates. Eine Politik für Europa müßte aber in jedem Fal-
le unter folgenden Aspekten erfolgen:
1. Europa ist mehr als die (West) Europäische Union.
Seine Grenzen werden durch das gemeinsame kulturelle
Erbe bestimmt. Die politische Einheit Europas kann nicht
auf die westeuropäischen Staaten beschränkt bleiben.
Welche Form des „Zusammenschlusses" auch gefunden
wird, es muß zu einer Art institutioneller Zusammenarbeit
aller europäischen Staaten kommen, evtl. in Form kon-
zentrischer Kreise mit unterschiedlicher Einbindung in
das politische Gefüge.

2. Europa ist mehr als die Summe seiner Nationalstaaten, es ist die Vielheit der Volks- und Sprachgruppen, der Kulturen und Identitätsgruppen. Sie müssen sich im politischen Gefüge und bei den Entscheidungsprozessen wiederfinden. Nur eine auf seinem geschichtlichen Hintergrund gestaltete politische Einheit Europas bietet seiner Vielfalt die Möglichkeit, ihre Identität zu wahren, kann Frieden und Freiheit garantieren, das ökonomische Überleben absichern helfen und Europa eine Stimme in der Weltpolitik verleihen.

3. Der beschwerliche Weg zu einer Unionsverfassung und zur Stärkung der Kompetenzen des Parlamentes führt über eine pragmatische und sich bewährende Zusammenarbeit in vielen Politikbereichen.

4. Ein Wir-Gefühl der Europäer läßt sich nur sehr bedingt über eine Europafahne, eine Hymne oder einen Europapaß etc. herbeiplanen, es muß wachsen. Den Ansatz bietet die Geschichte, Gorbatschow hat es deutlich gemacht. Karl Rahner (12) verlieh dem Gedanken der Einheit Europas unter heils- und freiheitsgeschichtlichen Aspekten noch eine ganz andere als die rein politische Dimension.

5. Der Übergang von den in Jahrhunderten gewachsenen und wirksamen Nationalstaaten zu einer politischen Union verlangt einen Prozeß des Umdenkens. „Europa denken" sagte Morin. In zwei oder drei Generationen wird man nationalstaatliches Gehabe belächeln. Wir müssen aber das neue Denken noch lernen.

6. Politik für Europa ist Politik für seine Menschen. Das Wirken für einklagbare Grund- und Menschenrechte (13) sowie die Ausgestaltung des Sozialraumes Europa ist zwar keine spektakuläre aber für die Menschen existentiell wichtige und leider oft vernachlässigte Politik.

7. Europa darf nicht zu einer Wohlstandsfestung werden. Neben dem West-Ost-Dialog steht der Nord-Süd-Dialog. Wir müssen unsere an einer „herrscherlichen Anthropologie" (14) orientierte Geschichte aufarbeiten, dürfen die von uns einst und oft auch jetzt übervorteilten Länder nicht weiter von unserer Entwicklung abkoppeln.

8. Europa kannte und kennt Krisen, wirtschaftliche und geistige, besonders auch die der Sinnbestimmung einzelmenschlichen und gesellschaftlichen Lebens. Vielleicht können den Europäern die aus der Geschichte zugewachsenen Werte und Sinndeutungen menschlicher Existenz Wege aus den Krisen weisen? Gehört die Zukunft evtl. nicht den unter Leistungsdruck und Kampf nach Besitz strebenden Menschen, sondern denen, die ihr Leben in „Bescheidenheit und Selbstbeherrschung" (15) und im Widerstand gegen eine „totale Bedürfnisgesellschaft" (16) gestalten? Eine Politik aus europäisch-christlichem Geist, wäre das ein Ansatzpunkt für Wege aus vielen Schwierigkeiten?

9. Europa ist unsere Chance. Die Politiker müssen im Interesse aller diese Chance ergreifen. Wer an der Chance zweifelt, wird keine neuen Ufer erreichen, sondern untergehen.

Anmerkungen

1. HT: Europe / Erdteil in „Der Kleine Pauly" Stuttgart 1977
Roberts, J.M.: „Der Triumph des Abendlandes", Düsseldorf, Wien 1986
2. Gorbatschow, Michail: „Perestroika", München 1987
3. Elkar, Rainer: „Europas unruhige Regionen", Stuttgart 1980
4. Heer, Friedrich: „Das Experiment Europa", Einsiedeln 1952
5. Schieder, Theodor: „Einheit in der Vielfalt" in „Europa, Horizonte der Hoffnung", Graz, Wien, Köln 1983
6. Hobsbawm, Eric: „Nationen und Nationalismus", Frankfurt/Main 1991
7. Brugmans, Hendrik: „Europa: Der Sprung ins Ungewisse", Bonn 1985
8. Rmometsch, Dietrich: „Pro und Contra Maastricht, eine interdisziplinäre Debatte" in „Integration 1/93", Bonn 1992
9. Wessels, Wolfgang: „Maastricht: Ergebnisse, Bewertungen und Langzeittrends" in „Integration 1/92", Bonn 1992

10. Cecchini, Paolo: „Europa 92/Der Vorteil des Binnenmarktes", Baden-Baden 1988

11. Krokow, Graf von, Christian: „Die Deutschen in ihrem
Jahrhundert", Reinbeck/Hamburg 1991

12. Rahner, Karl: „Die Frage nach der Zukunft Europas"
in „Europa, Horizonte der Hoffnung", Graz, Wien, Köln
1983

13. Frowein, Jochen: „Sicherung der Grund- und Menschenrechte: Ein Weg europäischer Einigung" in „Probleme und Perspektiven europäischer Einigung", Düsseldorf
1986

14. Metz, Johann Baptist: „Jenseits bürgerlicher Religion", Mainz 1980

15. Weizsäcker von, Carl Friedrich: „Gehen wir einer
asketischen Weltkultur entgegen" in „Deutlichkeiten",
Darmstadt 1978

16. Metz, Johann Baptist: „Zeit der Orden? Zur Mystik
und Politik der Nachfolge", Freiburg, Basel, Wien 1977

3.3 Das europäische Kolpingwerk - programmatische Notwendigkeiten und organisatorische Umsetzungshilfen

Hubert Tintelott

Seit Anfang der 90er Jahre steht das europäische Kolpingwerk vor einer ganz neuen Situation, die es in der
Geschichte des Verbandes in dieser Weise vorher nie
gegeben hat. Da ist einerseits die Internationalisierung
des Internationalen Kolpingwerkes seit Beginn der 70er
Jahre. Aus einem Verband, der über mehr als 100 Jahre
in seiner Verbreitung nahezu ausschließlich auf Mittel-
und Westeuropa beschränkt war, ist ein wirklich internationaler Verband geworden mit lebendigen Kolpingsfamilien und Zentralverbänden in Afrika, Asien und Lateinamerika und selbstverständlich Europa. Erstmals seit der
Gründung des Kolpingwerkes gehören damit dem Internationalen Kolpingwerk Mitglieder an, die nicht mehr von

der europäischen Kultur, vom europäischen Denken geprägt sind und die daher geprägt durch ihre Kultur auch ganz neue Akzente in der Kolpingarbeit setzen.

Neben dieser anhaltenden Internationalisierung des Kolpingwerkes, die zweifellos auch eine programmatische Herausforderung für das europäische Kolpingwerk ist, kommt seit 1989, seit dem Fall des Eisernen Vorhangs, eine neue Herausforderung auf das europäische Kolpingwerk zu, die Möglichkeit zum Aufbau von Kolpingsfamilien in Mittel- und Osteuropa. Dabei kann man teilweise an alte Traditionen anknüpfen, hat es doch vor dem Zweiten Weltkrieg in mehreren Staaten Mittel- und Osteuropas Kolpingsfamilien, ja lebendige und für die verbandliche Entwicklung in Europa impulsgebende Zentralverbände gegeben wie beispielsweise das Kolpingwerk Ungarn. Auf dem Hintergrund dieser geschichtlichen Erfahrungen verwundert es auch nicht, daß in Ungarn als erstem Land in Mittel- und Osteuropa schon ab Mitte 1989 die Ersten Kolpingsfamilien wieder gegründet wurden und schon November 1990 wieder ein neuer Zentralverband bestand. In schneller Folge kommt es dann zur Gründung von Zentralverbänden in Litauen, der Tschechischen Republik und Rumänien. In Polen, Slowenien, Kroatien, Moldawien und Albanien sind ebenfalls erste Kolpingsfamilien gegründet, und damit ist das Fundament für den Aufbau von Zentralverbänden auch dort gelegt. Diese rasante Entwicklung des Kolpingwerkes in Mittel- und Osteuropa verschiebt zunehmend die Gewichte im europäischen Kolpingwerk. Waren in der Vergangenheit neben dem dominierenden und bis heute weltweit bei weitem mitgliederstärksten deutschen Zentralverband vor allem die Zentralverbände aus den deutschsprachigen Ländern Österreich, Schweiz und Südtirol meinungsbildend für das europäische Kolpingwerk, so wird diese Position nun bedrängt durch die jungen Zentralverbände aus Mittel- und Osteuropa, aber auch durch den ersten südeuropäischen Zentralverband, das Kolpingwerk Portugal. Das Kolpingwerk ist damit nicht nur international bunter und vielfältiger geworden, sondern auch in Europa ist das Kolpingwerk heute von weitaus mehr Kulturen und geistesgeschichtlichen Traditionen beeinflußt als in seiner ganzen bisherigen Geschichte.

Organisatorische Konsequenzen

Das Internationale Kolpingwerk hat aus der gewachsenen internationalen Verbreitung auf der Generalversammlung 1987 seine ersten statutarischen Konsequenzen gezogen und offiziell in das Generalstatut unter V eine neue Organisationsebene eingeführt, die kontinentalen Arbeitsgemeinschaften. Die kontinentalen Arbeitsgemeinschaften sollen nach den Bestimmungen des Generalstatuts besonders

- die übernationale Zusammenarbeit fördern
- gemeinsame Programme und Projekte realisieren
- die Kolpingarbeit im Bereich des Kontinents fördern
- Kontakte pflegen zu überstaatlichen Stellen, die für die Kolpingarbeit von Interesse sind.

Mit dieser Regelung nahm das Internationale Kolpingwerk aber nur eine Form der Zusammenarbeit in seine Statuten auf, die auf kontinentaler Ebene schon seit einiger Zeit praktiziert wurde. So hatten die Zentralverbände und Kolpingsfamilien in Europa sich bereits im November 1985 in Zürich zu einer Kontinentalratstagung zusammengefunden und dort auch Regelungen für eine Zusammenarbeit als Arbeitsgemeinschaft auf europäischer Ebene beschlossen. In diesen Regelungen war festgelegt, daß in jedem Jahr ein anderer Zentralverband die Federführung für die kontinentale Arbeitsgemeinschaft auf europäischer Ebene hat und im Rahmen dieser Federführung dann für Abstimmungsprozesse im europäischen Kolpingwerk für die Vorbereitung und Durchführung der Kontinentalratstagung und gegebenenfalls auch für die Herausgabe politischer Erklärungen nach einem Abstimmungsprozeß zuständig ist.

Diese Form der Zusammenarbeit wurde bis 1993 praktiziert. Bei der Vorbereitung europäischer Großveranstaltungen zeigte sich jedoch, daß die wechselnde Federführung, die nur einmal jährlich stattfindende Kontinentalratstagung sowie das Fehlen eines Sekretariates zu Abstimmungsproblemen und zu Entscheidungsschwächen führten. Daher beschloß der Kontinentalrat des europäischen Kolpingwerkes auf seiner Sitzung in Lamego/Portugal am 23. Oktober 1993 die Bildung einer Exekutivebene. Es wurde ein Gremium mit 9 Personen gebildet, welches unter einem Vorsitzenden zwischen den Sitzungen des Kontinentalrates als Exekutivorgan Beschlüsse des Kontinentalrates umsetzen und kurzfristige Entscheidungen treffen soll. Als erster Vorsitzender wurde der Zentralsekretär des Kolpingwerk Deutscher Zentralverband Dr. Michael Hanke gewählt. Als ausführendes Sekretariat steht dem Exekutivkomitee Europa das Sekretariat des Internationalen Kolpingwerkes zur Verfügung.

Parallel zu diesem Exekutivkomitee wurde eine Arbeitsgruppe der europäischen Kolpingjugend unter Mitwirkung des Zentralsekretärs Bernhard Burger/Schweiz gebildet. Durch die Bildung dieses Exekutivkomitees und der Arbeitsgruppe europäische Kolpingjugend erwarten sich die beteiligten Zentralverbände und Kolpingsfamilien eine weiter verbesserte Zusammenarbeit und mehr Möglichkeiten, gemeinsam die anstehenden Aufgaben in Europa zu erledigen.

Zur Verstärkung der Kontakte und der Zusammenarbeit mit den Institutionen der europäischen Union wurde am 17. Dezember 1993 das Kolping Europa-Büro Gemeinnützige Beratungs- und Dienstleistungs-gGmbH gegründet. Diese GmbH soll die angeschlossenen Verbände in Fragen der europäischen Förderung von Projekten beraten, die Kontakte zu den Dienststellen der Europäischen Union ausbauen und bei der Umsetzung von Projekten mitwirken. Das Kolping Europa-Büro Gemeinnützige Beratungs- und Dienstleistungs-GmbH ist mit einem Sekretariat ausgestattet, so daß auch auf Grund der personellen Ausstattung die gesteckten Ziele erreicht werden können.

Wenn auch die europäischen Strukturen des Kolpingwerkes langsam klarere Konturen gewinnen, so wird es doch noch einige Zeit dauern, bis alle diese Strukturen

von den beteiligten Zentralverbänden genutzt und als hilfreich und förderlich für ihre Arbeit angesehen werden.
Hinzu kommt, daß zur Zeit auf der Ebene des Internationalen Kolpingwerkes die Diskussion läuft, ob die kontinentalen Arbeitsgemeinschaften nicht in Kontinentalver-
bände umgewandelt werden sollen. Dies würde den
Beschlüssen der Gremien natürlich eine wesentlich
größere Verbindlichkeit geben. Doch trotz der sich
abzeichnenden neuen Strukturen und auch angesichts
der schon existierenden Strukturen wird es ganz wesentlich darauf ankommen, in den nächsten Jahren zu verdeutlichen, daß diese Strukturen nicht aufgesetzt sind
und von den Mitgliedern des Kolpingwerkes und allen
verbandlichen Ebenen akzeptiert und mitgenutzt werden.
Denn letztlich geht es ja auch bei Strukturen des europäischen Kolpingwerkes darum, daß die Zentralverbände
einige ihrer Kompetenzen an diese Strukturen abtreten
müssen, daß die Zentralverbände bereit sind, von den
europäischen Gremien beschlossene Aktivitäten mitzutragen, daß die Zentralverbände ihre materiellen Aktivitäten möglicherweise koordinieren, daß die Zentralverbände gesellschaftspolitische Initiativen auf europäischer
Ebene mittragen und auf nationaler Ebene umsetzen. Die
Strukturen sind sicherlich oder können zumindest hilfreich sein, um dem Kolpingwerk auf europäischer Ebene
mehr Schlagkraft, mehr Attraktivität, mehr Durchset-
zungsfähigkeit zu geben. Entscheidend wird jedoch sein,
mit welchem Geist diese Strukturen gefüllt sind, inwieweit
auch die programmatische Arbeit des Kolpingwerkes in
Europa diese Strukturen mit Leben füllt.

*Strukturbildende Initiativen von Kolpingsfamilien und Mit-
gliedern*

Doch Strukturen, europäische Strukturen entstehen
nicht allein durch Beschlüsse von Zentralverbänden,
durch eine Initiative der Verbandsleitungen. Es spricht für
die Lebendigkeit des Verbandes, daß auch durch die
Initiativen von Kolpingsfamilien und einzelnen Mitgliedern
sich europäische Strukturen im Kolpingwerk entwickeln,

die durchaus lebensfähig sind und viel an gemeinsamer Zusammenarbeit zwischen Mitgliedern und Kolpingsfamilien in Europa ermöglichen. Zwei Initiativen haben dabei eine besondere Nachhaltigkeit gehabt und können damit auch schon auf eine längere Geschichte zurückblicken.

Internationale Kolping Friedenswanderung

Auf dem Hintergrund der Erfahrungen des Zweiten Weltkrieges und der Versöhnung der Völker Europas entstand die Internationale Kolping Friedenswanderung. Ausgehend von der Idee, daß man durch gemeinsamen Besuch der Schlachtfelder oder Besuche von Orten, die eine besondere Symbolkraft für den Frieden haben, Versöhnung schaffen kann, wurde 1968 die erste Friedenswanderung organisiert. Neben dem damaligen Schweizer Zentralpräses Josef Eberli war Pool Schroeder, der Vorsitzende der Kolpingsfamilie Luxemburg, einer der Initiatoren. Er ist bis heute einer der Motoren dieser Friedenswanderung. Jahr für Jahr treffen sich mehr als 200 Personen zu diesen Friedenswanderungen aus verschiedenen europäischen Ländern, die miteinander wandern, die miteinander sprechen, die miteinander beten. Alle Friedenswanderungen sind so gestaltet, daß sie an einzelnen Stationen immer wieder auch inhaltliche Impulse für ein Gespräch geben, ein Gespräch, das während des Wanderns fortgesetzt und vertieft werden kann. Heute steht nicht mehr wie am Anfang der Rückblick auf das Geschehen auf den Schlachtfeldern im Vordergrund, sondern Themen, die die Zukunftsgestaltung betreffen, Themen, die sich mit dem Frieden im Alltag, in der Familie, aber auch in der Völkergemeinschaft befassen.

Internationale Bodenseekonferenz

Während die Zusammenarbeit bei der Friedenswanderung um ein Thema herum entstand, war bei der Internationalen Bodenseekonferenz des Kolpingwerkes die regionale Nähe der Auslöser für eine vertiefte Zusammenarbeit. Am Bodensee stoßen drei Länder aufeinander. Bei aller Verschiedenheit der angrenzenden Staaten und Kulturen sind die Menschen um den Bodensee herum auch in besonderer Weise verbunden. Der See trennt nicht nur, sondern er verbindet auch. So lag es nahe, daß auch die Kolpingsfamilien um den Bodensee herum sich zu gemeinsamen Treffen zusammenfanden, gemeinsame Veranstaltungen organisierten, Führungskräfteschulungen gemeinsam durchführten und gemeinsam auch religiöse Veranstaltungen anboten. 1968 wurde dieser Zusammenarbeit ein festes organisatorisches Fundament gegeben. Es wurde die Internationale Bodenseekonferenz des Kolpingwerkes gegründet, die bis heute internationale Zusammenarbeit rund um den Bodensee im Geiste Adolph Kolpings organisiert und eine Plattform ist zur Erörterung von aktuellen Aufgaben des Kolpingwerkes in einer sich ständig ändernden Welt. Wieder waren es einzelne Persönlichkeiten wie Heinz Koners/Markdorf und Dr. Schick/Bregenz, die die Initiative zu diesem europäischen Zusammenschluß im Kolpingwerk ergriffen.

Europa lebt von unten

So wichtig auch die europäischen Zusammenschlüsse in der Politik und Gesellschaft sind, so wichtig und unverzichtbar ist es aber, daß diese europäische Zusammenarbeit an der Basis mit Leben gefüllt wird. Patenschaften zwischen Kolpingsfamilien in Europa, europäische Treffen auf der Ebene des Sports bei Kolping-Fußballturnieren oder beim Internationalen Kolping-Skirennen oder andere fest strukturierte Formen der Zusammenarbeit wie bei der Internationalen Bodenseekonferenz des Kolpingwerkes und der Internationalen Kolping-Friedenswanderung sind deshalb die Voraussetzung und Ergänzung für alle programmatischen und politischen Initiativen.

Für ein menschliches, christliches und demokratisches Europa

Das europäische Kolpingwerk bzw. die Zentralverbände in Europa haben sich in ihrer Geschichte mehrfach positiv zu den europäischen Einigungsprozessen geäußert. Das Kolpingwerk hat seine Bereitschaft erklärt, den europäischen Einigungsprozeß mitzutragen und mitzugestalten. Den Maßstab für dieses Engagement hat das Kolpingmitglied Bundeskanzler Dr. Josef Klaus/Wien 1969 auf einer Europaveranstaltung des Kolpingwerkes in Castrop Rauxel vorgegeben, als er meinte: „Als Kolpingbruder, als Christen werden wir das neue Europa mitgestalten, wenn uns unsere intellektuelle Leistung und unsere Arbeit qualifizieren, überall dort für das neue Europa zu stehen, wo wissenschaftlich geforscht, wo leistungsbewußt gearbeitet und wo politisch entschieden wird."

So sehr sich das Kolpingwerk in der Vergangenheit bemüht hat, diesem Anspruch gerecht zu werden, so groß ist aber die Herausforderung für die Zukunft. Da ist zunächst das Bemühen auf der europäischen Ebene selbst. Viele wichtige, die Menschen in Europa betreffende Entscheidungen fallen heute auf der Ebene des Europarates und noch stärker auf der Ebene der Europäischen Union. Während das Kolpingwerk auf der Ebene des Europarates durch seinen Konsultativstatus gute Mitwirkungsmöglichkeiten hat und durch politische Erklärungen, durch Begleitung der Politik des Europarates diese auch nutzt, fehlt es zur Zeit noch an einem geeigneten Instrumentarium, um auch die Politik der Europäischen Union kritisch zu begleiten und dort Positionen und Vorstellungen des europäischen Kolpingwerkes einzubringen, die vor allem die soziale Ausgestaltung dieses Europa betreffen, die mithelfen können, das immer noch vorhandene Demokratiedefizit abzubauen oder auch die christlichen Wurzeln der europäischen Kultur zu verdeutlichen. Es muß dem europäischen Kolpingwerk aber zunehmend gelingen, seine aus dem christlichen Menschenbild und aus den Grundprinzipien der kath. Soziallehre abgeleiteten politischen Vorstellungen auch in die Debatte auf europäischer Ebene einzubringen. Es besteht nämlich zunehmend die Gefahr, daß reine technokratische Lösungen Platz greifen, daß die Würde und der Schutz des menschlichen Lebens in all seinen Phasen vernachlässigt und die sozialen Schutzrechte der Arbeitnehmer und der sozial Schwachen in unserer Gesellschaft verkürzt werden. Das europäische Kolpingwerk hat aber auch dafür einzutreten, daß der europäische Einigungsprozeß nicht dazu führt, daß sich die Länder innerhalb der EU wie auf einer Wohlstandsinsel einschließen und die Probleme der Völker und Volkswirtschaften in Mittel- und Osteuropa aus dem Auge verlieren und auch ihre Verantwortung für die Länder der sogenannten Dritten Welt vernachlässigen. Das Kolpingwerk als katholischer Sozialverband hat jedenfalls immer dafür einzustehen, daß die sozialen Belange in und außerhalb der europäischen Zusammenschlüsse nicht vernachlässigt werden. Dabei muß es in seiner Sorge um den Menschen, um sein Leben in Würde auch die nachfolgenden Generationen mit einbeziehen, und so ist es verständlich, daß das europäische Kolpingwerk schon 1989 in Budapest/Ungarn Ökologische Leitlinien des Kolpingwerkes Europa beschlossen hat und darin bekräftigt, daß das Kolpingwerk als kath. Sozialverband es als seine Aufgabe ansieht, die aus der Naturalität des Menschen erwachsende Verantwortung für die Umwelt bewußt zu machen und modellhaft Aktivitäten zu entwickeln.

Doch wie das europäische Kolpingwerk im Bereich der Bewahrung der Schöpfung zu modellhafter Initiative aufgefordert ist, so hat es auch in anderen Bereichen konkrete Zeichen zu setzen. Dies gilt vor allem für die Bereiche, in denen das Kolpingwerk in seiner Geschichte sich eine besondere Kompetenz erworben hat wie im Bereich der Förderung und Stützung der Familie, der beruflichen Ausbildung, der Förderung des Handwerks und des Mittelstandes, der Förderung demokratischer Strukturen und der Heranbildung von politischen Führungskräften, der Mitgestaltung gesellschaftlicher Strukturen. In den genannten Feldern gibt es in allen europäischen Ländern konkrete Aufgabenfelder.

- In fast allen Ländern Europas gibt es ein nachlassendes Wertebewußtsein. Die Notwendigkeit gemeinsamer Grundwerte für das Zusammenleben jeder Gesellschaft wird immer weniger erkannt. Der zunehmende Werteverfall führt zu wachsenden Problemen in allen europäischen Gesellschaften. Das Kolpingwerk als kath. sozialer Verband hat die Aufgabe, auf die Notwendigkeit gemeinsamer Grundwerte hinzuweisen und seinen Mitgliedern christliche Grundwerte zu vermitteln.

- In fast allen Ländern Europas steht die Familie in einer krisenhaften Entwicklung. Die Zahl der Ehescheidungen nimmt zu, die Zahl der Paare, die ohne Heirat zusammenleben, wächst, die Zahl der Single-Haushalte steigt ständig. Diese Krise der Institutionen Ehe und Familie hat schon jetzt erkennbare Auswirkungen auf die Gesamtgesellschaft. Wenn die Familie als Ort zur Einübung von sozialem Verhalten ausfällt, nimmt das selbständige Verhalten von Menschen weiter zu, steigt die Gewaltbereitschaft in der Gesellschaft, wächst der selbstsüchtige Individualismus. Schon Kolping hat betont, daß wenn die Familie zu kranken beginnt, auch die Gesellschaft kranken wird. Um so dringlicher ist der Einsatz des Kolpingwerkes für Ehe und Familie und die Arbeit mit Familie.

- In fast allen Ländern wächst die Zahl der Arbeitslosen, gibt es eine wirtschaftliche strukturelle Krise, die von allen Beteiligten in der Arbeitswelt eine Umorientierung erfordert. Diese Umorientierung, diese Neuausrichtung muß vom Kolpingwerk begleitet werden.

- In allen europäischen Ländern kommt es aus verschiedenen Gründen zu einem Rückzug des Staates aus gesellschaftlichen Aufgabenfeldern. Während im Westen der Wohlfahrtsstaat an die Grenzen der Leistbarkeit und Finanzierbarkeit stößt, muß auch in Mittel- und Osteuropa nach Ende des Kommunismus der Staat sich aus gesellschaftlichen Aufgabenfeldern zurückziehen. Dem Kolpingwerk kommt hier die Verantwortung zu aufzuspüren, wo in diesen Umbruchprozessen dringende gesellschaftliche Aufgaben unerledigt bleiben und daher das Engagement des Verbandes gefordert ist.

- In fast allen Ländern Europas gibt es eine nachlassende Bereitschaft der Bürger, politische und gesellschaftliche Verantwortung zu übernehmen. Politikverdrossenheit im Westen, Politikunfähigkeit breiter Kreise im Osten verlangen Initiativen auch vom Kolpingwerk. Das Kolpingwerk muß seinen Mitgliedern bewußt machen, daß Freiheit, demokratische Strukturen die Mitwirkung des Bürgers brauchen. Ohne Menschen, die Verantwortung übernehmen, können demokratische Strukturen, Strukturen der Selbstverwaltung und Mitverantwortung nicht mit Leben gefüllt werden.

- In den Staaten Europas wächst ein neuer Nationalismus heran, ein Nationalismus, der das Gegenteil von einem gesunden Nationalbewußtsein ist: ein Nationalismus, der nur die eigene Nation schätzt und alle anderen Nationen abqualifiziert, ein Nationalismus, der sich selbst gegen ethnische Minderheiten im eigenen Land richtet. Das europäische Kolpingwerk muß sich auf allen Ebenen gegen eine solche Entwicklung wenden und den Unterschied zwischen Nationalismus und Nationalbewußtsein verdeutlichen. Es muß auf die Zusammenarbeit der Völker als Voraussetzung für einen dauerhaften Frieden hinweisen und hinarbeiten.

Zur Erreichung all dieser Ziele müssen alle europäischen Zentralverbände ganz gezielte Programme entwickeln, müssen sich den Herausforderungen stellen und Menschen mobilisieren, die mithelfen, die gestellten Aufgaben zu erledigen. Es wird sich jedoch zeigen, daß Menschen immer dann gewonnen und mobilisiert werden können, wenn man bei ihren Alltagserfahrungen, bei ihren ganz konkreten Nöten und Ängsten ansetzt. Das europäische Kolpingwerk muß daher wie ein Seismograph empfindsam werden für gesellschaftliche Umbruchprozesse, für menschliche Nöte und Ängste, seinen Blick richten auf den Menschen und Maß nehmen an seiner Würde, wenn es seiner Verantwortung für den Menschen, für Kirche, Staat und Gesellschaft gerecht werden will.